新时期以来中国共产党领导的法治建设研究

——基于其以立法为主导的特征

李中天 著

本书受到昆明市哲学社会科学学术著作出版专项经费资助

云南出版集团

云南人民出版社

目　录

第一章 绪 论

第一节 问题的提出

全面建成小康社会、全面深化改革、全面依法治国、全面从严治党，这"四个全面"战略布局，确立了新的历史条件下中国共产党和国家各项工作的战略目标和战略举措，是党在新形势下治国理政的总方略，是事关党和国家长远发展的总战略，为实现"两个一百年"奋斗目标、实现中华民族伟大复兴的中国梦提供了重要保障。中国共产党第十八届中央委员会第四次全体会议通过的《中共中央关于全面推进依法治国若干重大问题的决定》首次专题讨论全面推进依法治国的问题，以党的文件的形式全面和系统地阐述了党依法执政的各项主张。在当代中国，法律不应再仅仅只是事后的"以律均清浊，以法定治乱"的定纷止争的工具，而更应当发挥推进国家治理体系和治理能力现代化、引领全面深化改革的顺利进行、倡导公民建立法治价值理念的作用。以法治作为治国理政的基本方式，不仅可以使中国共产党领导全国各族人民充分应对改革、发展和稳定面临的问题和挑战、增强社会活力，也可以保障社会公平和谐、国家长治久安。

新时期以来中国共产党领导的法治建设，走的是一条在保持稳定的前提下，根据社会现实需要，渐进式推进法律制度不断完备的道路，具有以立法为主导的特征，以立法为主导的法治建设取得了建成中国特色社会主义法律体系的伟大成就，但与此同时，也存在客观上配套的体制机制不够完善、公民的法律意识培养相对缓慢等问题。党的十八届四中全会提出的法治建设新十六字方针"科学立法、严格执法、公正司法、全民守法"和建设"社会主义法治实施体系"等，体现了我国的法治建设正从以立法为主导向侧重法治实施（即增强现有法律的实效性）的战略转型。

对以上历程进行研究，有利于：

理论方面，进一步深化对马克思主义法律思想中国化发展历程的认识。马克思主义法律思想中国化是马克思主义中国化在法治领域的具体体现，是马克思主义法律思想基本原理同中国实践、历史传统、民族文化三个方面相结合的与时俱进的历史过程。对中国共产党领导人民进行的法治建设实践和中国共产党法律思想的发展进步之间的互动关系进行系统分析，可以深入了解党领导人民对建设社会主义法治国家所付出的努力，进一步明确马克思主义法律思想中国化的内涵，理解中国特色社会主义法治理论的本质，增强建设法治中国的信心。党的领导和全面推进依法治国的关系是法治建设的核心问题，长期以来，一些人的法治观念存在误区，用西方的法治观念把"党"和"法"人为割裂对立[1]，制造了"党大"还是"法大"的伪命题。其实，西方的法律讲求一种文本形式的思维方式，而中国的法治变革过程中始终有一种从传统沿袭而来的"实用理性主义"思维方式[2]，党的领导和法治的统一性是由历史实践决定的，本书以史料证明中国特色社会主义法治必须坚持党的领导、人民当家做主和依法治国三者有机统一，这对澄清当前理论界关于法治理论的一些模糊界定有一定意义。此外，与中共党史、当代中国史其他研究所取得的丰硕成果相比，中共党史学科内关于中国共

---

① 《绝不允许"党大还是法大"伪命题干扰政治定力》，新华网 http://news. xinhuanet. com/politics/2015-02/05/c_1114272511. htm。

② 黄宗智：《经济与理论：中国社会、经济与法律的实践历史研究》，中国人民大学出版社2007年版，第405页以下。

产党领导全国人民进行法治建设历史的系统性研究比较欠缺①。究其原因，该研究领域是党史、政治学、法学等学科的交叉研究领域，客观上对其研究具有一定难度，本书希望对此领域起到一定的补白作用。另外，"法治实施"的提法是中国共产党的重大理论创新，目前学术界对其进行研究的成果相对有限，本书也希望在此方面有一定的拓展。

现实方面，进一步明确法治建设从以立法为主导向侧重法治实施转型的必要性。党的十一届三中全会后，指导中国法治建设的是"有法可依、有法必依、执法必严、违法必究"十六字方针，而"文革"后百废待兴的社会现实决定了"有法可依"成为法治建设的首要目标。"在党中央的领导下，全国人大及其常委会根据党的基本理论和基本路线，紧紧围绕经济建设这个中心，适应改革开放和现代化建设的需要，坚持发展社会主义民主、健全社会主义法制和依法治国的方针，将立法工作作为首要任务，通过了新宪法，相继制定了一大批法律和有关法律问题的决定"②，2011年以宪法为核心的中国特色社会主义法律体系形成，这是党领导人民法治建设的伟大成就。但不可否认的是，在中国改革进入攻坚期和深水期的今天，社会上日益暴露出"有法必依、执法必严、违法必究"方面存在的一些问题。古人云："法贵必行"，"天下之事，不难于立法，而难于法之必行"，"法令行则国治国兴，法令弛则国乱国衰"，所以要发挥现有法律制度的实效。党的十八届四中全会明确提出中国特色社会主义法治实施体系包含五大体系：完备的法律规范体系、高效的法治实施体系、严密的法治监督体系、有力的法治保障体系和完善的党内法规体系，其中高效的法治实施体系建设是依法治国的核心

---

① 陈鹏生、王立民：《新中国法制史：21世纪一个亟待开拓的中法史研究领域》，《法学》2001年第2期。

② 王维澄：《关于有中国特色社会主义法律体系的几个问题——第九届全国人大常委会法制讲座第八讲讲稿》，见曹建明等合著：《在中南海和大会堂讲法制》，商务印书馆1999年版。

议题。同时，这次会议还提出法治建设的"科学立法、严格执法、公正司法、全民守法"新十六字方针，表明中国共产党领导的法治建设要从以立法为主导的法律制度体系建设向以宪法法律实施为重点的法治实施战略转型。

第二节　研究的现状

一、关于中国共产党法治思想发展的研究[1]

1978 年以后，中国共产党的法治思想取得了巨大发展和进步，许章润等学者认为，改革开放后中国法治 30 年的成就来源于中国社会进步的自发要求和执政党策略的共同推进[2]。中国共产党的法治思想发展的成果集中体现在不同时期党的领导人的法制（治）思想上[3]。

毛泽东法制思想：毛泽东在领导中国人民进行新民主主义革命、社会主义革命和建设的过程中，将理论与实践（如废除旧法统、主持制定新中国第一部宪法等）结合形成了许多法制观点，如：民主法治是"阶级的""具体的""相对的"；阐明国体和政体的关系；强调人民民主专政的法治秩序；通过典型案例倡导平等与正义的司法精神等。有的学者认为毛泽东法制思想是马克思主义法律思想中国化第一次伟大成果[4]；有的探讨毛泽东法制思想形成、发展的时代背景、原则及其主要内容，并指出毛泽东的法制思想在新中国成立

---

① 详见作者发表的文章：李中天：《近年来马克思主义法律思想中国化研究综述》，《中共石家庄行政学院学报》，2015 年第 3 期。

② 许章润：《中国的法治主义：背景分析（上）》，《法学》2009 年第 4 期；张文显：《和谐精神的导入与中国法治的转型：从以法而治到良法善治》，《吉林大学社会科学学报》2010 年第 3 期。

③ 宋婧：《中共三代领导核心的法治思想比较研究》，南京航空航天大学硕士论文，2008 年。

④ 李楠：《改革开放以来中国化马克思主义法律思想研究》，西北大学博士论文，2013 年。

后的一段时间一直是法制建设的指导思想①；有的从毛泽东的立法思想、执法思想、守法思想三个方面论述了毛泽东法制思想的当代价值②；有的从原则基础、专政法律秩序等角度方面对毛泽东的法制观进行了论证③；有的则论述了毛泽东关于民主的理论与实践④，等等。需要指出的是，在论述毛泽东的法制思想的同时，学者有时会研究毛泽东、邓小平法制思想的不同⑤，也往往会提及董必武和谢觉哉的法律思想以及民主党派人士沈钧儒、章士钊、钱瑞升、梁漱溟等的法律思想。

邓小平法制思想：学界对于邓小平法律思想，往往用的还是"法制思想"的表述，许多学者出版了相关专著⑥。有学者将邓小平的法制思想概括为法制战略论、民主法制关系论、法制立国论、依法治国论、法制建设论五个方面⑦，针对"文革"的教训提出"人治和党治是阻碍国家健康发展的错误""不要社会主义法制的民主，绝不是社会主义民主""民主必须制度化、法律化""从制度上保证党和国家政治生活的民主化、经济管理的民主化、社会生活的民主化"；以及社会主义民主法制建设十六字方针；"一国两制"等法治

---

① 中国检察学院编：《毛泽东法制思想论集》，中国检察出版社 1993 年版；白明政：《论毛泽东法制思想的形成、发展、基本原则及主要内容》，《贵州民族学院学报（哲学社会科学版）》2006 年第 5 期；闫立光：《新中国初期毛泽东的法制思想研究》，吉林大学硕士论文，2014 年。

② 刘亚玲：《毛泽东的法制思想及其当代价值》，《毛泽东思想研究》2007 年第 1 期。

③ 吴越：《毛泽东的民主法制观与中国特色的法治秩序》，《江汉论坛》1994 年第 4 期。

④ 李龙主编：《毛泽东法律思想研究》，武汉大学出版社 1993 年第 1 版。

⑤ 马晓霞：《毛泽东、邓小平法制思想比较研究》，中国人民大学硕士论文，2006 年。

⑥ 陆云泉主编：《邓小平法制思想研究》，江苏人民出版社 1998 年版；蒋传光：《建构中国法治社会的指南——邓小平法制思想研究》，安徽大学出版社 2000 年版；蒋传光：《邓小平法制思想概论》，人民出版社 2009 年版。

⑦ 张文显：《邓小平民主法制思想之精髓》，《法制与社会发展》2004 年第 5 期。

观点。有学者从法制与民主、法制与经济建设以及法制与反腐败三个方面对比分析了列宁的法制思想与邓小平法制思想的异同①；有的则强调邓小平突破了过去发展经济采用行政权力和群众运动的政治活动方式，强调要从国情出发，加强法制建设②，等等。在论述邓小平的法制思想的同时，学者往往会提及彭真、张友渔的法律思想。

江泽民法治思想：我国建立社会主义市场经济体制，江泽民相应提出了"依法治国"基本方略和建设社会主义法治国家的目标：要建立和完善适应市场经济的法律体系；加强和完善行政执法；推进司法改革；提高全民族的法制意识和观念，等等。学术界现在主要是从江泽民法治思想形成的时代背景、理论基础、实践条件、形成过程、主要内容以及特点意义等方面以学术论文的形式进行系统研究或者选取其中一个方面进行论述③。研究视角方面，有的学者认为江泽民法治思想表现在界定的独特性、构架的科学性、实现的彻底性和应用的广泛性④；有的则分析了江泽民法治思想中的法理观、宪政观、刑法观、民法经济法观、行政法观、国际法观⑤，有的侧重于分析法治与德治的关系⑥，等等。

胡锦涛法治思想：胡锦涛的法治思想主要体现为将科学发展的一般原理与建设社会主义法治国家具体实践相结合，进一步贯彻落实依法治国，确立了依法执政基本方式。以发展为第一要义，把握

---

① 陈波：《社会主义法制理论的两座丰碑——列宁与邓小平法制观比较研究》，《华中师范大学学报（哲学社会科学版）》1997年第2期。

② 文立人：《试论邓小平法制观》，《毛泽东思想研究》1995年第3期。

③ 任舒泽：《江泽民法治思想缕析》，《社会主义研究》2004年第5期。

④ 陈仲、廖冲绪：《论江泽民同志法治思想的特色》，《毛泽东思想研究》2009年第5期。

⑤ 沈志先：《马克思主义法律思想中国化的新成果——江泽民法治思想初探》，《毛泽东邓小平理论研究》2011年第7期。

⑥ 杨绍兴：《法治与德治并举》，《马克思主义研究》2001年第3期；闫亮：《论江泽民法治与德治相结合思想的时代意义》，《党史博采》2002年第3期；赵蔷：《法治与德治辨析兼论江泽民的"以德治国"思想》，《江西社会科学》2002年第3期。

法律规律、创新社会主义法治理念、转变治理方式，围绕以人为本的核心，构建关注民生、保障人权的和谐法律秩序，等等。研究视角方面，有的学者进行了系统研究①，有的学者梳理了胡锦涛的法理思想、宪法、行政法思想②；有的专门论述了其民主法治和德治思想③；有的则重点论述其"以改善民生为重点"的社会法思想、"维护国家安全社会和谐稳定"的刑事司法思想、"标本兼治、综合治理、惩罚并举、注重预防"的全面反腐思想④；有的侧重于论述社会主义法治理念⑤，等等。

习近平法治思想：党的十八大以来，关于法治，习近平总书记提出了许多新观点、论断和要求，比如：建设"法治中国"；以法治方式推动国家治理体系和治理能力现代化；依宪治国、依宪执政重要思想，强调维护宪法权威，全面贯彻实施宪法；党的领导和社会主义法治建设是统一的，关键是要处理好两个关系：一是党的政策和国家法律的关系、二是坚持党的领导和司法机关独立行使职权的关系；"一个共同推进"和"一个一体建设"，构建法治国家、法治政府、法治社会，等等⑥。习近平总书记法治思想的一个显著特点是

①　乔中国、张惠萍、刘元华：《全面建设小康社会的法治之维——胡锦涛对邓小平、江泽民法制思想的坚持和发展》，《理论探索》2005 年第 5 期；刘雪屏：《以胡锦涛为总书记的党中央实施依法治国方略的思想论述》，《理论学刊》2007 年 10 月第 10 期。

②　段凡：《胡锦涛法律思想初探》，《武汉理工大学学报（社会科学版）》2009 年第 1 期。

③　丁锐华：《胡锦涛同志民主法治与德治思想解析》，《毛泽东思想研究》2010 年第 5 期。

④　陈金全：《新中国法律思想史》，人民出版社 2011 年版。

⑤　曹坚：《社会主义法制理念的本质及内涵》，《党政论坛》2006 年第 7 期；谢鹏程：《论社会主义法治理念》，《中国社会科学》2007 年第 1 期；张华民：《论树立社会主义法治理念的现实意义》，《法制与经济》2008 年第 3 期。

⑥　鹿心社：《弘扬法治精神建设法治政府：学习习近平总书记关于法治建设的重要论述的思考》，《求是》2014 年第 17 期；李林：《习近平法治观八大要义》，《人民论坛》2014 年第 33 期；胡锦光：《习近平法治思想内涵解读》，《人民论坛》2014 年第 28 期；吴传毅：《习近平法治思想的基本架构》，《中共福建省委党校学报》2014 年第 8 期。

不仅就法治论法治，而是把法治问题放置到建设中国特色社会主义事业的战略全局中加以思考和把握，注重在"四个全面"重大战略布局中、推进国家治理现代化的进程中、着眼于确保党和国家长治久安这个重大根本问题中悉心思考和谋划全面依法治国①。

需要指出的是，为了更深入研究中国共产党法治思想的发展，学术界还通常进行马克思主义法律思想中国化的系统性研究。"马克思主义法律思想中国化"的概念是付子堂提出来的②。对于此概念，许多学者使用了不同的表述方式，有的使用"马克思主义法学中国化"③，有的使用"马克思主义法学原理中国化"④，有的使用"马克思主义法理学中国化"⑤，有的使用"马克思主义法哲学中国化"⑥，等等⑦。虽然提法不一，但需要指出的是，大多数学者已经在研究中将马克思主义法律思想中国化放在马克思主义中国化的讨论领域中研究，学术界对此现在已经基本达成共识，认为马克思主义法律思想中国化是马克思主义中国化的重要组成部分。付子堂所著的《马克思主义法律思想研究》⑧ 是迄今为止法学理论领域最为系统和全

---

① 公丕祥：《习近平法治思想述要》，《法律科学（西北政法大学学报）》2015 年第 5 期。

② 付子堂主编：《文本与实践之间：马克思主义法律思想中国化问题研究》，法律出版社 2009 年版。

③ 李龙：《"马克思主义法学中国化"与法学的创新》，《武汉大学学报（人文科学版）》2005 年第 4 期；徐亚文：《"马克思主义法学中国化"与当代中国的社会主义法治精神》，《武汉大学学报（人文科学版）》2005 年第 7 期；马治国：《马克思主义法学的中国化——马克思主义法学对中国特色社会主义法制建设的指导地位》，《中国特色社会主义研究》2008 年第 5 期。

④ 孙国华、龚刚强：《"科学、民主、人权、法治"的中国之路探索与理论精髓——马克思法学原理与中国化六十年》，《法学杂志》2009 年第 10 期。

⑤ 周世中：《马克思主义法理学的中国化及其进程》，《山东社会科学》2006 年第 10 期。

⑥ 文正邦：《马克思主义法哲学中国化研究论纲》，《法治研究》2008 年第 9 期。

⑦ 详见作者发表的文章：李中天：《近年来马克思主义法律思想中国化研究综述》，《中共石家庄市委党校学报》2015 年第 3 期

⑧ 付子堂：《马克思主义法律思想研究》，高等教育出版社 2005 年版。

面地研究马克思主义法律思想的学术成果①，书中论述了马克思早期的非马克思主义法律思想以及走向成熟时期的马克思恩格斯法律思想，论述了历史唯物主义法律观的创立、法的客观基础观、阶级意志观、历史发展观、人的自由发展观和部门法律观，作者认为其他在该领域影响广泛的论著还有如《马克思主义法学著作导读》②《马克思主义法学论著导读》③ 等。学者还从不同角度论述马克思主义法律思想，有的从马克思对法的现象和社会之间的关系的认识、法是社会经济关系的意志形态、法律体现统治阶级利益要求的国家意志、立法者不是在发明法律而是在表述法律等观点集中概括马克思主义法律观④。有的从理论基础、阶级基础、历史基础、价值基础等七个方面说明了马克思主义法律思想的主要内容⑤。有的论述了经济基础决定法律上层建筑、法制是人类历史上特定阶段的产物、法集中体现了统治阶级的意志等观点⑥。有的则认为这种真正的法律观体现在：把法律放置在整个社会大系统考察；深入分析法和社会经济生活条件之间的关系；批判继承了文明社会法学史的精华；从现实的生活经验出发，将原理建立在丰富的实证资料上⑦。许多学者在研究中发现马克思主义法律思想之所以能够形成，哲学因素在其中起到了不可或缺的指导作用：有的认为马克思对法律的研究和论述主要是从两个方面进行的，一是批判当时主流的法律思想；二是通过批判当时不合理的社会现象来阐述自己的法律思想⑧。有的认为马克

---

① 张文显：《用发展着的马克思主义指导法学等人文社会科学建设（代序）》，付子堂：《马克思主义法律研究》，高等教育出版社 2005 年版代序。

② 李龙主编：《马克思主义法学著作导读》，武汉大学出版社 1991 年版。

③ 黎国智：《马克思主义法学论著导读》，中国政法大学出版社 1993 年版。

④ 公丕祥：《马克思法律观概览》，《中国法学》1990 年第 3 期。

⑤ 李龙：《马克思主义经典作家法律观的主要内容》，《长安》2008 年第 7 期。

⑥ 王英津：《论马克思主义经典作家的法制观》，《毛泽东邓小平理论研究》2008 年第 4 期。

⑦ 李广灿、吕世伦主编：《马克思、恩格斯法律思想史》，法律出版社 2001 年版。

⑧ 王贵贤、王海洋：《马克思的法律思想》，《理论思想》2007 年第 3 期。

思总是以一定的哲学思想作为自己建立法律思想的理论基础，并注意汲取他人哲学思想中的合理成分，特别是黑格尔辩证法和费尔巴哈唯物论，在把目光同时投向现实的基础上，对旧理论体系不断进行剖析和扬弃①。有的认为马克思法的合理性思想的理论渊源是黑格尔的法的合理性理论，后来马克思的法律思想进入成熟时期时，他摆脱了黑格尔理性主义的影响，用历史唯物主义来阐述法的合理性问题②。有的则认为马克思在法学领域最伟大的贡献在于把唯物史观引进了法学③。有的对马克思所揭示的经济现象的法律逻辑思想进行梳理和总结，从反思目前学界对马克思法律思想中法律反作用问题研究不够的现状出发，阐释经济发展中法律因素的巨大作用，超越传统的对马克思法律思想的本体论研究，而从价值论的角度分析法律的反作用，使得对马克思法律反作用思想的认识更进一步④。有学者提出另外一个研究维度：人们以往对马克思法律思想的研究主要集中在对法权哲学话语的解释，相对忽视了对马克思法律思想中人文话语的探索，人本法律观是马克思法律思想人文意蕴的当代演绎⑤。

马克思主义法律思想中国化具体表现在与实践相结合。这方面的专著如蒋传光的《马克思主义法律思想中国化理论与实践研

---

① 储士家：《哲学在马克思法律思想演进过程中的作用》，《法律科学》1993 年第 2 期。

② 周世中：《马克思法的合理性思想的渊源及其现实影响》，《社会科学家》2012 年 12 期。

③ 凌相权：《马克思法律思想和我的经济法制建设》，《武汉大学学报（社会科学版）》1986 年第 1 期。

④ 蔡宝刚：《经济现象的法律逻辑：马克思法律反作用思想研究》，黑龙江人民出版社 2004 年第 1 版。

⑤ 马晖慧：《马克思法律思想的人文意蕴及其当代启示》，《湖北社会科学》2012 年第 7 期。

究》①；张波的《马克思主义法律思想中国化路径研究》②，从哲学、历史学、马克思主义中国化研究等多个学科视阈进行了系统研究，认为在马克思主义法律思想与中国实践相结合的过程中正确的路径不是理论主导模式而是实践主导模式，尤其值得一提的是，他认为现有马克思主义法律思想中国化的研究的"化"（动态）研究尚不足，另外，现有研究在马克思主义法律思想中国化如何结合中国历史传统因素和民族文化因素方面显得较为欠缺。目前，学者往往集中探讨的还是中国共产党的法治思想因素的转变：有的阐述了中国共产党领导集体在法制观念上有革命法制观、大民主法制观、制约法制观和依法治国、建设社会主义法治国家法制观的四大法治观③。此外一些教材也有专门论述相关内容的章节，如朱景文主编的《法理学》④。

二、关于新时期中国共产党领导的法治建设实践的研究

目前学术界对该领域的研究主要分以下几个方面：

关于立法，李步云提出，法治国家应具备的十大标准之一即法制完备⑤。一些学术论文系统总结了改革开放 30 年来中国特色立法体制和法律体系逐步形成的相关成就⑥。需要指出的是，学术界在论述立法的时候，除了经常将其与中国共产党法治思想的进步与发展相联系以外，还往往将法律体系的不断完善与政治文明的进步相联

---

① 蒋传光：《马克思主义法律思想中国化理论与实践研究》，中国法律出版社 2013 年版。

② 张波：《马克思主义法律思想中国化路径研究》，人民出版社 2011 年版。

③ 陈金钊：《从革命法制到社会主义法治——马克思主义法制（治）观在中国的成长》，《法学论坛》2001 年第 4 期。

④ 朱景文主编：《法理学》，中国人民大学出版社 2008 年版。

⑤ 李步云：《法治国家的十条标准》，《太平洋学报》2007 年第 12 期。

⑥ 张文显：《改革开放新时期的中国法治建设》，《社会科学战线》2008 年第 9 期；李林：《改革开放 30 年与中国立法发展》，《北京联合大学学报（人文社会科学版）》2009 年第 2 期；陈斯喜：《新中国立法 60 年回顾与展望》，《法治论丛》2010 年第 2 期。

系①，其中往往会提及法治国家的建设②和法治政府的建设③。学术专著方面，新中国成立后中国共产党领导的立法实践活动主要在新中国法制史的书籍中有所表述④。需要指出的，国外对于新时期中国法制建设的研究更加侧重于研究制度建设方面的成就，并将其视作中国政治体制改革的巨大成果⑤。有的学者侧重于论述中国经济体制改革和法律制度完善之间的关系，尤其重视中国加入 WTO 以后给法律制度变革带来的影响⑥。有的则将视角集中在法治国家建设方面，认为中国取得了持续的经济增长，建立了法治国家的道路⑦。德国学者孟文理在其发表的《20 世纪中国的法制建设和发展》一文中，指出：中国选择建设法治国家，不仅满足了经济发展要求，也达到了现代社会法治标准⑧，此外还有学者论述了中国在法治进步的具体表现，如制定的法律规则增多，政府信息公开和市民参与程度都有所

① 何士青：《论政治文明与法治建设》，《政治与法律》2003 年第 3 期；姜伟：《法治与社会主义政治文明建设》，《中共中央党校学报》2003 年第 3 期。

② 孙笑侠：《法治国家及其政构构造》，《法学研究》1998 年第 1 期。

③ 马怀德：《法治政府特征及其建设途径》，《国家行政学院学报》2008 年第 2 期。

④ 蓝全普：《三十年来我国法规沿革概况》，群众出版社1980 年版；陶希晋：《新中国法制建设》，南开大学出版社 1988 年版；赵震江主编：《中国法制四十年（1949 － 1989）》，北京大学出版社 1990 年第 1 版；俞敏声主编：《中国法制化的历史进程》，安徽人民出版社 1997 年版；韩延龙主编：《中华人民共和国法制通史》，中共中央党校出版社 1998 年版；肖义舜：《共和国法制建设 50 年》，中共中央党校出版社 2000 年版；张晋藩：《二十世纪中国法制的回顾与前瞻》，中国政法大学出版社 2001 年版。

⑤ ZOU Ke-yuan. China Legal Reform：towards the rule of law ［M］. Netherlands：Brill Academic Publishers, 2006；PEI Min-xin. Testimony on Rule of Law in China ［J］. Statemet to senale Foreign Relations Committee, June 7, 2005.

⑥ WANG Zhen-min. The Developing Rule of Law in China ［J］, Havard Asia Quarterly, 2000, （4）.

⑦ PEERENBOOM R. Law and development of Constitutional Democracy：is China a problem case ［J］. Annals of the American Academy of Political and Social Scicence, 2006, （603）. 192.

⑧ 孟文理、曾见：《20 世纪中国的法制建设和发展》，《中德法学论坛》论文，2003 年。

提高①等。

关于执法，目前，专著和博士论文方面，学界对于行政执法的研究，仍然侧重于学理性阐释②以及对特定行政执法领域的研究③，缺乏一定的问题——对策模式的探讨。期刊论文方面，对于"行政执法"与"行政管理"的区别，姜明安认为"管理"是计划经济时代遗留下来的思维，而执法的本质特征在于依据法律④。对于行政执法存在的问题，学者的目光主要集中在：执法理念上，很多执法人员仍然没有依法行政的意识，不懂得执法正义⑤，所以应当注重柔性执法，即从理念上加强执法意识的培育⑥。有学者认为，行政执法的矛盾争议焦点主要存在于环境保护、食品安全、土地征收等涉及群众切身利益的领域之中⑦，问题集中表现在两个极端，一种是行政执法拖延，一种则是运动突击式执法，体现出执法的被动性和功利性⑧。当然对于行政执法问题存在的原因，有的学者也进行了客观的分析，如陈柏峰等就认为，以城管为例，因为行政执法权集中，导致执法风险也向城管等一线部门集中，执法存在客观危险性和现实

---

① HORSLEY J. China's Long March Toward Rule of Law [J]. The Journal of Asian Studies，2004，(63). 162.

② 张猛：《行政执法理论与实务》，厦门大学出版社 2013 年版。

③ 蔡恒：《执法效率与有效组织——我国农业行政执法体制构建研究》，南京农业大学博士论文，2004 年；何新春：《当代中国工商执法权威构建问题研究》，华中师范大学博士论文，2007 年；陈学斌：《中国林业执法改革问题研究》，中共湖北省委党校博士论文，2012 年；中国法制出版社：《公安行政执法全书》，中国法制出版社 2013 年版；刘惠荣：《海洋行政执法理论》，海洋出版社 2013 年版。

④ 姜明安：《论行政执法》，《行政法学研究》2003 年第 4 期。

⑤ 李海滢、王立峰：《执法正义：法治政府的价值理念》，《社会科学研究》2012 年第 5 期。

⑥ 王春业：《论柔性执法》，《中共中央党校学报》2007 年第 5 期。

⑦ 杨士林：《行政执法风险的内涵、表现及原因解析》，《云南师范大学（哲学社会科学版）》2013 年第 5 期。

⑧ 朱晓燕、王怀章：《对运动式行政执法的反思——从劣质奶粉事件说起》，《青海社会科学》2005 年第 1 期；胡宝玲：《中国行政执法的被动性与功利性——行政执法信任危机根源及化解》，《行政法学研究》2014 年第 2 期。

复杂性，但执法受益人是"沉默的大多数"，导致舆论对城管的讥讽也不完全客观公正①；再比如对于沸沸扬扬的上海"钓鱼执法"案件，应当考虑黑车泛滥的确存在取证难问题，不应让媒体、专家意见进行舆论审判，导致成为网络群体性事件②。解决对策方面，有的学者提出要注重对行政执法理念的创新、有的提出要注重执法体制改革、有的则提出加强执法监督，应当加强检察院的作用③。

关于司法，学界目前关于司法的专著也注重于对司法相关内容的学理性介绍④，侧重于司法实务⑤和历史分析的不多。司法体制建设和司法改革方面，有一些博士论文⑥，但是在问题——对策研究方面相对较少。期刊论文方面，学界对于我国司法建设和司法改革没有进行泾渭分明的区分，有时二者混用；对于司法改革的起止时间和划分，也没有完全统一的看法。有的学者认为，当代司法改革是从审判方式革新向体制性改革发展⑦。对于司法改革的方向，也有不

① 陈柏峰：《城管执法冲突的社会情境——以〈城管来了〉为文本展开》，《法学家》2013 年第 6 期。
② 桑本谦：《"钓鱼执法"与"后钓鱼时代"的执法困境》，《中外法学》2011 年第 1 期。
③ 李德峰、周伟科：《论行政执法的精神追寻——兼论我国行政执法理念的创新》，《行政与法》2008 年第 11 期；王晓、任文松：《多维视角下的行政执法检察监督制度》，《福建论坛人文社会科学版》2013 年第 1 期；丁玉海：《深化行政执法体制改革的路径选择》，《大连干部学刊》2014 年第 12 期。
④ 邹川宁：《司法理念是具体的》，人民法院出版社 2012 年版；高一飞：《司法公开基本原理》，中国法制出版社 2012 年版；葛天博：《司法基础理论范畴探析》，西安交通大学出版社 2012 年版；孙谦、韩大元：《司法机构与司法制度》，中国检察出版社 2013 年版。
⑤ 最高人民法院编写组：《当代中国能动司法》，人民法院出版社 2011 年版。
⑥ 迟日大：《新中国司法制度的历史演变与司法改革》，东北师范大学博士论文，2003 年；鲁强：《当代中国司法改革过程研究》，中国政法大学博士论文，2008 年；虞浔：《1997 年以来中国司法体制和工作机制改革进程中上海的实践与探索》，华东政法大学博士论文，2013 年。
⑦ 公丕祥：《中国特色社会主义司法改革道路概览》，《法律科学（西北政法大学学报）》2008 年第 5 期。

同的观点：有的认为，改革应当要有充分的法律依据作为支撑，有的认为应当坚持自主性司法改革道路，有的则认为要吸取传统的精华，并保持社会主义司法的特色，不断推进司法现代化①。对于目前司法领域存在的问题，学者的目光主要集中在地方司法管理体制不合理上，认为地方化单向性物质与人事双重依赖结构是当今中国司法权地方化的成因②；在司法权力运行机制上，有的学者认为目前的公检法流水作业导致以公安侦查为中心，法院审判职能被边缘化，这不利于司法公正的实现③。对策方面，有的学者提出要以解决独立行使审判权的司法外部环境建设和司法权力高效运行的内部运行机制为重点；有的学者提出，在我国省级行政区划内普遍"按地区设立"中级法院和省检察院分院是解决地方司法化问题的中心环节。对于司法权力运行，则应从司法权配置、配合和监督机制三个方面进行完善。监督方面，对于人大司法监督和人民监督④等也提出了一些有益的建议。

关于守法，目前关于守法的系统性研究极少，笔者尚未看到以对策——问题为主要内容的系统性专著，相关博士论文则侧重于对守法

---

① 徐昕：《中国司法建设三十年的成就、经验与展望》，《政法学刊》2009年第1期；公丕祥：《当代中国的自主性司法改革道路——基于中国司法国情的初步分析》，《法律科学（西北政法大学学报）》2010年第3期；江国华、周海源：《〈司法基本法〉与中国司法改革》，《哈尔滨工业大学学报（社会科学版）》2014年第1期。

② 谭世贵、梁三利：《构建自治型司法管理体制的思考——我国地方化司法管理的问题与出路》，《北方法学》2009年第3期。

③ 陈瑞华：《从"流水作业"走向"以裁判为中心"——对中国刑事司法改革的一种思考》，《法学》2000年第3期。

④ 赵立莹：《地方司法管理体制改革探析》，《观察与思考》2004年第4期；廖永安：《社会转型背景下人民陪审员制度改革路径探析》，《中国法学》2012年第3期；汤维建：《人大监督司法之困境及其消解》，《苏州大学学报》2014年第1期；吴高庆、董琪：《司法权力运行机制：理想、现实与未来》，《中共浙江省委党校学报》2014年第5期；杨小军：《法治中国视域下的司法体制改革研究》，《法学杂志》2014年第3期。

进行伦理学分析①。夏瑜杰的博士论文《当代中国守法问题研究》② 对建设社会主义法治国家背景下的守法进行了一定体系化的研究，认为守法是立法、司法和执法的出发点和落脚点，对本书的写作具有启发意义。期刊论文和报刊文章方面，目前对于守法研究的一个热点是公民守法原因的分析，有的学者认为基于法律的强制性，公民不守法就会受到法律制裁；有的则侧重表述公民守法是因为迫于道德压力而产生的一种心理惯性③，有的分析了中国传统伦理中与公民的守法精神④，有的则认为守法应该包括对法律的服从、运用、信仰和批判⑤。学者普遍认为，公民守法最重要的是要有法治意识，如果没有公民主体上对法律的认可和服从，无论法律制度设计多么精巧，法治实施的效果都不会达到预期，而法治意识需要信仰法律⑥。中国对公民法治意识的培养，主要是采取积极推动全社会法治宣传教育的形式，最具代表性的就是开展全民普法活动。对于普法，学者普遍认为这是中国特色的一项堪称创举的活动，对其重要性和成效都予以了充分肯定⑦。

三、关于法治实施的研究⑧

"高效的法治实施体系"是"中国特色社会主义法治体系"的

---

① 刘同君：《守法的伦理学分析》，南京师范大学博士论文，2005 年；郭芙蓉：《公民守法道德养成研究》，南京师范大学博士论文，2013 年。

② 夏瑜杰：《当代中国守法问题研究》，南京大学博士论文，2012 年。

③ 吴亚辉《论守法的逻辑——基于法经济学分析范式》，《广东商学院学报》2011 年第 2 期；李三辉：《浅析公民守法的一般原因》，《知识经济》2011 年第 4 期。

④ 郭英华、李彩虹：《中国传统伦理与公民守法精神》，《云南社会科学》2007 年第 3 期。

⑤ 占茂华：《法理学视角下的守法概念解读》，《湖南社会科学》2013 年第 1 期。

⑥ 蒋熙辉、李师伟：《建构具体法治的两个维度》，《法制日报》2002 年 12 月 9 日 B2 版；范愉：《法律怎样被信仰》，《法制日报》2002 年 11 月 7 日第 11 版；许章润：《法学公民与知识英雄》，《法制资讯》2012 年第 12 期。

⑦ 凌斌：《普法、法盲与法治》，《法制与社会发展》2004 年第 10 期；季卫东：《普法随谭》，《清华法学》第 11 辑 "普法研究" 专辑，清华大学出版社 2007 年版；张明新：《对当代中国普法活动的反思》，《法学》2009 年第 10 期。

⑧ 详见作者发表的文章：李中天：《中国特色社会主义 "法治实施体系" 研究动态述评》，《湖北行政学院学报》2015 年第 4 期。

五大体系之一。学界目前已有一些期刊论文论述了中国特色社会主义法治体系的内涵、价值、作用等①，关于"高效的法治实施体系"的理论定位、组成部分等的系统性研究，还鲜见成果，但是一些相关研究，例如关于法治实施的效率目标等，成果颇为丰富。关于法律的效率价值，西方学者在此方面研究成果颇丰，涉及法学、经济学、社会学、伦理学、哲学等领域，如美国法学家庞德、博登海默等都很有建树②。我国学界也很早就开始了此领域的研究③，学者普遍同意法的效率价值是检验法律实效性的标准，可以推动法治进步④。值得一提的是，在论述法律效率价值的同时，学者往往会讨论"公平"与"效率"的辩证关系，目前较为统一的观点是"公平效率并重"。学界很少从法治实施的角度对法律效率价值进行相关研究，但是一些博士论文在具体部门法的视角上对法律效率价值进行了一定研究⑤。

---

① 聂秀华、邱飞：《对构建中国特色社会主义"法治体系"的理论思考——学习党的十八大关于法治建设的论述》，《齐鲁学刊》2013年第2期；魏治勋：《从法律体系到法治体系：论党的十八大对中国特色社会主义法治体系的基本建构》，《北京行政学院学报》2013年第1期；吕廷君：《中国特色社会主义法治体系的行动要素》，《北京行政学院学报》2013年第1期；李龙：《建构法治体系是推进国家治理现代化的基础工程》，《现代法学》2014年第3期。

② ［美］E·博登海默：《法理学——法学及其方法》，邓正来等译，华夏出版社1987年版，第180页。

③ 沈宗灵主编：《法理学研究》，上海人民出版社1990年版，第260页；顾培东：《效益，当代法律的一个基本价值目标》，《中国法学》1992年第3期；张明乃：《论法学中的公平与效率》，《法学》1992年第3期；公丕祥：《法律效益的概念分析》，《南京社会科学》1993年第2期；张文显：《法学基本范畴研究》，中国政法大学出版社1993年版，第273页；赵震江：《论市场经济条件下的效率与平等原则及法律对策》，《中外法学》1994年第5期；孙国华：《法理学教程》，中国人民大学出版社1994年版，第108页；李晓安：《法律效益探析》，《中国法学》1994年第6期。

④ 万光侠：《效率与公平——法律价值的人学分析》，人民出版社2000年版，第376页；唐馨敏：《我国法律价值理念模式分析——基于正义、秩序和效率的视域》，《法学研究》2011年第4期。

⑤ 王军：《税法效率研究——税法供给需求的视角》，山东大学博士论文，2007年；江涛：《民事诉讼效率研究——以程序设置为主要视角》，复旦大学博士论文，2011年。

关于法治实施的内涵，目前学界也鲜见专门研究成果。目前普遍使用的提法是"法律实施"而不是"法治实施"，但严格来说，二者在此"法律实现"这一论域中的区别并不大，从自然的逻辑联系上看，"法治实施"也必然以"法律实施"为基础。关于"法律实施"的定义，国内外学者有不同表述，但总体来说侧重于表示法律发挥作用的含义①。对于法律实施具体包含内容，即明确表述法律实施的组成部分为执法、司法、守法②的，论述不多。

执法、司法、守法的研究前文已有表述。关于宪法实施，相关领域的系统性研究不多，比较有代表性的是范进学的《中国宪法实施与宪法方法》③。学术界对宪法实施的重要性是有共识的，但是对于中国宪法实施效果如何，则存在截然不同的看法，原因在于对"宪法实施"的内涵还存在争议：如果认为因为宪法是国家根本法、对其他法律有指导作用，所以其他法律实施得好就等于宪法实施效果好，那么宪法实施的确是取得了一定的成效④。但是，如果把宪法实施和公民的宪法意识、宪法监督、违宪惩罚机制是否健全等因素结合起来，那么中国宪法实施可能还尚未达到预期。范进学等提出法律实施不意味着宪法实施，国家机构规范的实施也不意味宪法实施；宪法实施最重要的是对宪法价值的普遍认同，要实现普遍认同，全社会就必须先有宪法信仰。只有将宪法价值与宪法实施有机结合，

① 苏联科学院法学所编著：《马克思列宁主义关于国家与法权理论教程》，中国人民大学出版社 1955 年版，第 498 页；吴大英、沈宗灵主编：《中国社会主义法律基本理论》，法律出版社 1987 年版，第 351 页；[英] 戴维·M·沃克：《牛津法律大辞典》，邓正来等译，光明日报出版社 1988 年版，第 655 页；孙国华主编：《法理学教程》，中国人民大学出版社 1994 年版，第 411 页。

② 沈宗灵主编：《法理学研究》，上海人民出版社 1990 年版，第 259 页。

③ 范进学：《中国宪法实施与宪法方法》，上海三联书店 2014 年版。

④ 张友渔：《张友渔文选》（下卷），法律出版社 1997 年版，第 183 页；马岭：《违宪审查相关概念分析》，《法学杂志》2006 年第 3 期。

才能正确认识中国宪法实施的真实状况①。韩大元、王德志的《中国公民宪法意识调查报告》②则说明公民宪法意识还有待提高。对于中国宪法实施存在的问题，学界主要将目光集中于长期以来，对违宪成本研究不足、宪法不能进入诉讼等问题③。魏建新的博士论文则认为中国宪法实施最大的问题是宪法权利缺乏有效的实施机制④，这种观点有一定的代表性。对此，学者提出的对策，有的侧重于在中国宪法文本框架内讨论可行的制度完善，有的则侧重于宪法司法化的探讨⑤，等等。

通过对本书论题相关学术研究现状的梳理可知，学界现有关于中国共产党法治思想和领导人民法治建设实践的研究大多侧重某个特定角度，而关于"法治实施"缺乏一定的综合性论述，因此本书力求以"新时期以来中国共产党领导的法治建设具有以立法为主导的特征"为切入点，以"中国共产党领导的法治建设要从以立法为主导的法律制度体系建设向以宪法法律实施为重点的法治实施战略转型"的命题为主线，进行相对系统的研究。

第三节　研究的结构体系

本书的结构体系由七章组成：

---

① 范进学：《宪法实施：到底实施什么》，《学习与探索》2013 年第 1 期；范进学：《宪法价值共识与宪法实施》，《法学论坛》2013 年第 1 期；莫纪宏：《宪法价值的适用区间与宪法实施的可能性》，《广东社会科学》2013 年第 2 期。

② 韩大元、王德志：《中国公民宪法意识调查报告》，《政法论坛（中国政法大学学报）》2002 年第 6 期。

③ 郭华：《中外宪法实施保障制度比较研究》，吉林人民出版社 2005 年版；虞崇胜、李炳辉：《从违宪成本看当代中国宪法实施的突破口》，《江苏行政学院学报》2013 年第 2 期。

④ 魏建新：《宪法实施的行政法路径研究——以权利为视角》，中国政法大学博士论文，2008 年。

⑤ 王彬：《宪法实施的中国问题》，《环球法律评论》2013 年第 5 期；丘川颖：《宪法实施的范畴及路径选择》，《山西省政法管理干部学院学报》2014 年第 2 期。

第一章是绪论，主要介绍了本书选题的提出及相关研究现状，以及本书的结构体系、难点、方法和拟创新之处。

第二章阐述新时期以立法为主导的法治建设的历史背景。新中国成立后，中国共产党否定以《六法全书》为代表的旧法统，学习苏联法，强调法律的阶级性和政治性，并且在政治运动中制订了一些法律法规，法律法规单行化、非法典化，与此同时，政策在调整社会关系方面起到了重要补充作用，初步建立起新中国法制。后来，计划经济体制建立，客观上降低了国家对法律的需求，"人治"思维抬头，最终导致在"文革"中，新中国的法制建设几近停滞。

第三章研究新时期以立法为主导的法治建设的开端（1978—1991）。"文革"结束，中国共产党党内开始反思"人治"的弊端，提出加强民主法制等思想，百姓也渴望安定和秩序，因此重建法律制度成为党和人民的共同选择。中国共产党历来有根据实践需要制定法律的传统，而改革开放初期国内外的形势，决定中国法治建设只能以立法为主导，迅速制定各方面的法律制度。此阶段，法治建设的重点是：一方面通过重订宪法、刑法等大法以保障安定团结；另一方面，初建经济法律制度以发展国民经济。

第四章研究以立法为主导的法治建设的发展（1992—2001）。党的十四大明确中国经济体制改革的目标是建立社会主义市场经济体制，而市场经济是法治经济。与此同时，中国共产党的法律思想实现从"法制"向"法治"的飞跃，提出要"依法治国，建设社会主义法治国家"。此阶段，法治建设的重点是：一方面通过健全经济法律制度以创造市场经济所需环境；另一方面通过完善行政法、刑法等以规范公权力行使，从而保障经济体制改革的顺利进行。

第五章研究以立法为主导的法治建设的纵深发展（2002—2011）。进入新世纪后，中国进入战略机遇期和矛盾凸显期并存的阶段，为了抓住机遇和应对挑战，中国共产党的法律思想进一步发展，提出要"坚持依法执政的基本方式"。法治也与全面建设小康社会、建设和谐社会和科学发展观紧密联系起来。此阶段，法治建设的重点是：一方面继续完善行政法、刑法等以进一步规范公权行使；另一方面开始强调维护公正的社会立法。2011 年 10 月，中国特色社会主义法律体系终于形成，这是以立法为主导的法治建设的伟大历史成就。

第六章评析以立法为主导的法治建设的特征、成就和待完善之处。新时期以来，中国共产党领导的以立法为主导的法治建设可以概括为是一种"中国特色"的法治建设道路：在保持社会本质属性和国家制度结构稳定的前提下，根据社会实践而不断适时有序"渐进式"调整法律安排。这既不同于西方国家自发演进型法制建设模式，也不同于苏联一步到位的激进式法制改革模式，体现了"稳中求变"的政治智慧。但客观上来说，由于有限的法律资源大量向立法倾斜，导致法治实施方面的行政执法有待规范、司法体制有待完善，守法意识有待提高。

第七章展望以立法为主导的法治建设的转型。为适应中国特色社会主义事业发展新要求，党的十八届四中全会提出全面推进依法治国。建设中国特色社会主义法治体系，标志着中国共产党的法治思想向体系化发展和深化，尤其是法治建设的"新十六字方针"和强调"高效的法治实施体系建设是中国特色社会主义法治体系的核心"等论断，则标志着中国共产党领导的法治建设从以立法为主导的法律制度体系建设向以宪法法律实施为重点的实施体系建设的战略转型。

第四节 研究的难点、方法和拟创新

一、研究难点

第一，如前所述，与中共党史、当代中国史其他研究所取得的丰硕成果相比，中共党史学科中关于中国共产党领导全国人民进行法治建设历史的系统性研究比较欠缺，在史料的归集整理方面尚不完备，相关一手档案资料又因为种种原因而难以接触，这给本书引

用文献带来了不小的客观困难。另外，改革开放后中国法治建设的历史充满复杂性，尤其是各种立法活动极为繁复，如何能在有限的篇幅内，围绕本书主线进行论述、删繁就简把问题论述清楚，客观上也存在很大难度。

第二，本书是中共党史、政治学、法学、经济学等多研究领域的综合性研究，由于长期的学科分界、学者视阈差异问题，导致本书研究存在较大困难。目前对该领域的研究以理论法学界的学者居多，中共党史学界的学者并不多，这就导致现有研究相对缺乏历史视野、许多研究命题提法不统一、基础理论研究不足等问题的产生。

第三，"中国特色社会主义法治体系"和"法治实施体系"，是党的十八届四中全会的新提法，目前学术界对其直接进行系统研究的成果十分有限，可供借鉴的资料非常少，如何能对相关问题做出有说服力的解释说明，是对本书作者的极大考验。

二、研究方法

第一，文献研究法。坚持唯物辩证的指导思想和理论联系实际的原则，充分利用现有能搜集到的相关资料，以材料说话，一方面论述相关理论，另一方面紧密结合实践，客观描述中国共产党领导的法治建设历程。

第二，学科交叉研究法。本书是综合性研究，不仅局限于中共党史学科领域，还结合法学、政治学、经济学、社会学等学科进行交叉研究，力求从多个视角对研究对象进行全面的综合性分析。

第三，比较研究法。通过比较研究，可以发现一些结论，如中国的法治建设走的是一条与西方的文本形式法治发展有区别的"从实际出发"的道路。另外，在论述完善法治实施政策建议方面可以充分吸收借鉴西方的有利成果，取其精华、去其糟粕，为我所用。

三、拟创新之处

第一，理论方面，本书有两个创新点：（1）"以立法为主导"特征作为切入点研究新时期以来中国共产党领导的法治建设；（2）分历史阶段，通过立法等活动系统研究中国共产党法律思想和法律实践的互动关系。笔者目力所及，目前学界对此尚未有系统研究，本书试有所突破。

第二，方法方面，本书将整合中共党史、法学和政治学等学科的相关研究素材，并在某些章节与西方的相关研究进行对比，力求使得全书具备一定的理论深度。例如，在论述以立法为主导的法治建设的以保持稳定为前提的渐进式特点中，关于中国法治建设的"局限条件"——"稳定"的法律经济学推导就是笔者自己的研究成果①，体现了一定的创新性。

第三，实效方面，本书注重历史经验与现实前瞻相结合。对以立法为主导的法治建设的转型方向，即加强法治实施体系建设中的宪法实施、执法、司法和守法方面的主要问题的概括，以及提出的相应对策建议，都是笔者阅读大量材料后结合实践反复斟酌思考后自己的总结，具有一定的独创性。

---

① 详见作者发表的文章：李中天：《论改革开放以来中国法制改革的渐进式特征一个法律经济学的视角》，《思想战线》2015 年第 3 期。

第二章　新时期以立法为主导的法治建设的历史背景

建国初期，中国共产党全盘废除了以《六法全书》为代表的旧法统并全面学习苏联法，毛泽东思想成为新中国的立法原则，法律建设取得了许多成就。

第一节　全面废除以《六法全书》为代表的旧法统

中国共产党全面执政后废除国民党以《六法全书》为代表的旧法统，客观上为新生政权的法制建设开辟了道路。《六法全书》在民国初年指宪法、民法、商法、刑法、民事诉讼法、刑事诉讼法六种法律的汇编①，至南京国民政府初期，因为实行"民商合一"，《六法全书》的体例变为宪法、民法、民事诉讼法、刑法、刑事诉讼法、行政法六种法律汇编②。"法统"有三层含义：一是"合法的正统"，指"统治权力在法律上的来源而言"；二是"宪法和法律系统"，偏重于法律层面的法律体系的意思；三是指法律传统，"旧统治阶级及其辩护者常散布一种欺骗，似乎先有一定的法统，一定的宪法和法律传统，然后根据这种传统的宪法和法律

---

①　李龙、刘连泰：《废除〈六法全书〉的回顾与反思》，《河南政法管理干部学报》2003 年第 5 期。

②　张知本编、林纪东续编：《最新六法全书》，大中国图书公司 1980 年版；朱勇：《〈中华民国立法史〉序言》，谢振民：《中华民国立法史》，中国政法大学出版社 2000 年版；张晋藩主编：《中国百年法制大事纵览》，法律出版社 2001 年版。

而产生某种国家政权"①。"法统"在某种意义上等于是政权的合法性基础，而《六法全书》正是这种法统的代表，所以对于中国共产党来说，只有彻底否定这种基础，才能巩固新生的人民民主专政政权。事实上，早在 1946 年，当时被毛泽东誉为"全国第一流的法学家"的何思敬就发表了题为《宪法的谜语分析》一文，提到："新中国是人民用武力推翻了旧政权的结果，新政权没有现成的宪法可做参考，因此批判旧中国的宪法就必然成为起草新中国第一部宪法的前提"②。另外，中国共产党是通过革命的方式建立了新政权，这也给废除《六法全书》提供了情感基础③，"在旧社会——帝国主义、封建主义、官僚资本主义统治的社会，他们的法律，是保护统治者剥削者的法律，压迫劳动人民的法律，因此，人民痛恨它、反对它、不遵守它，是自然的，也是应该的"④。

　　1949 年，蒋介石提出国民党接受谈判的最低要求是国民政府的"宪法"和"法统"不中断："只要和议无害于国家的独立完整，而有助于人民休养生息，只要神圣的宪法不由我而违反，民主宪政不因此而破坏，中华民国的国体能够确保，中华民国的法统不致中断，军队有确实的保障，人民能够维持其自有的生活方式与目前最低生活水准，则我个人更无复他求"⑤。毛泽东对此在 1949 年 1 月 4 日发表《评战犯求和》批驳了上述观点，针对宪法和法统，他指出：这是在确保中国反动阶级和反动政府的统治地位，而且法统不中断就意味着想保护整个买办地主阶级、国民党匪帮和一切大中小战争罪犯⑥。1 月 14 日，《中共中央毛泽东主席关于时局的声明》中明确：

---

① 新华社《关于废除旧法统》答记者问，《解放日报》1949 年 3 月 15 日第 1 版。
② 何思敬：《宪法的谜语分析》，《解放日报》1946 年 2 月 13 日第 1 版。
③ 蔡定剑：《历史与变革》，中国政法大学出版社 1999 年版，第 226 页。
④ 王定国：《谢觉哉论民主与法制》，法律出版社 1996 年版，第 214 页。
⑤ 《毛泽东选集》（第四卷），人民出版社 1991 年版，第 1381 页。
⑥ 《毛泽东选集》（第四卷），人民出版社 1991 年版，第 1382 页。

中国共产党的八项和平谈判中包含废除伪宪法和伪法统①。2 月 22 日，中国共产党出台了废除《六法全书》的正式文件——《中央关于废除国民党〈六法全书〉和确定解放区司法原则的指示》，该文件明确：国民党全部法律只能是保护地主与买办官僚资产阶级反动统治的工具，是镇压与束缚广大人民群众的武器。在人民民主专政的政权下，国民党的《六法全书》应该废除，人民的司法工作应该以人民的新的法律作依据，在人民的新的法律还没有系统地发布以前，则应该以共产党的政策以及人民政府与人民解放军所已发布的各种纲领、法律、命令、条例、决议作依据②。3 月，华北人民政府主席董必武签署的《废除国民党六法全书及其一切反动法律》中指出："国民党统治阶级的法律，是广大劳动人民的枷锁。现在我们已经把这枷锁打碎了，枷锁的持有者——国民党的反动统治政权也即将完全打垮了，难道我们又要从地上拾起已毁的枷锁，来套在自己的颈上吗？反动的法律和人民的法律，没有什么'蝉联交代'可言，而是要彻底地全部废除国民党反动的法律"③。教育和法学界也开始反对《六法全书》，例如，1949 年，华北高等教育委员会颁布了《各大学专科学校文法学院各系课程暂行规定》，废除了《六法全书》的"反动课程"，而将"政策与法令、马列主义法律理论、名著选读等"作为必修课④。在法学界，具有代表性的如：沈钧儒1949 年 6 月 26 日在中国新法学研究会发起人大会上的讲话中指出："新法律的建设，目前已十分迫切，我们在军事上已经把反动派军队打垮，但为了要一个巩固的新民主主义的国家制度和安宁的社会秩序，就需要建立人民自己的新的法律"⑤。

---

①　《毛泽东选集》（第四卷），人民出版社 1991 年版，第 1389 页。

②　来源：人民数据库的《中国共产党重要文献信息库》。

③　《董必武法学文集》，法律出版社 2001 年版，第 14—16 页。

④　陈泓：《北京各大学的课程改革工作》，《人民日报》1949 年 10 月 17 日第 4 版。

⑤　《中国新法学研究会发起人大会上的讲话》，《人民日报》1949 年 6 月 30 日第 1 版。

建国之后，1949 年 10 月颁布的《中国人民政治协商会议共同纲领》第 17 条明确："废除国民党反动政府一切压迫人民的法律、法令和司法制度，制定保护人民的法律、法令、建立人民司法制度"①。1950 年 11 月政务院发布的《关于加强人民司法工作的指示》中指出："为了正确的从事人民司法工作的建设，首先必须划清新旧法律的原则界限。一切国民党反动政府的法律，都是为少数人的反动集团来压迫中国广大人民的工具"②。1952 年 6 月至 1953 年 2 月，全国开展的司法改革运动，主要目的就是肃清旧司法思想、清除旧法工作人员和纯洁各级司法机关。当时人们的看法正如 1952 年 10 月 27 日《人民日报》署名文章指出的那样："《六法全书》是集封建的、买办的、法西斯的反动法律思想之大成。因此，《六法全书》以及国民党反动派一切法律、法令和司法制度，都是压迫人民的，彻头彻尾地反动的，与新中国的人民法律原则根本相违反的，必须予以全部的摧毁"③。

这种对旧法制的否定具有时代必然性，因为旧法制往往代表旧统治秩序的合法性。中国共产党历来否定国民党制定的《中华民国训政时期约法》，也没有参与国民党政府 1946 年宪法的订立，正如 1949 年 1 月 14 日毛泽东在关于时局的声明中所指出的："国民党反动政府违背民意，召开了伪国民大会，颁布了伪宪法"④。《六法全书》废除后，毛泽东思想成为新中国的立法原则⑤。

对《六法全书》的否定具有彻底性，当时司法界有人主张抛弃《六法全书》的阶级属性，对其技术性特征予以保留，如 1952 年《人民日报》署名文章列举了几个司法工作者的观点："《六法全书》

---

① 《建国以来重要文献选编》（第一册），中共中央文献出版 1992 年版，第 5 页。

② 《建国以来重要文献选编》（第一册），中共中央文献出版社 1992 年版，第 451 页。

③ 施班：《必须彻底改革司法工作 所谓〈六法全书〉什么来历》，《人民日报》1952 年 10 月 27 日第 3 版。

④ 《毛泽东选集》（第四卷），人民出版社 1991 年版，第 1386 页。

⑤ 《建设新中国的法律与司法工作》，《人民日报》1949 年 6 月 18 日第 1 版。

实在用不着全部废除，只要把那些和现在的政权、政策相抵触的部分删除或修改一下就够了"，这种观点受到了否定和批判："根除这些旧法观点，就必须进行深入的批判和思想斗争，彻底解决屁股坐在哪边的问题"，"如不抛弃'六法全书'那种为地主、官僚资产阶级服务的脱离实际而又深涩难懂的旧形式，就不能使实际、活泼、通俗易懂的新形式在人民法制工作中顺利建设起来"①，"人民的法律只有人民自己才能创造出来，只有在马克思列宁主义、毛泽东思想的指导下才能创造出来。这种创造，需要打破一切旧法的束缚，不受任何旧法的限制，依靠着人民群众自觉的意志和革命斗争的实践。我们对于旧法观点只能有一个方针，那就是彻底肃清它。任何形式和任何程度的保留都是错误的"②。"中国人民革命斗争，一开始就和旧统治阶级的法律斗争而代之以自己阶级的法律，他和一切旧法律无缘，二十多年来不论哪个解放区，除了和敌人斗争偶然利用某个有利的敌人法条外，从没承认和援用过旧法律。国民党的《六法全书》，不是有明令后才废除，而是从来没有在解放区存在过"③。1956 年因为"百花齐放、百家争鸣"的方针，一些法学界的人士又提出了对六法全书"批判继承"的问题，提出："从理论上讲，法有继承性。否认继承等于否认历史"，"社会生活是不能斩断的，不论哪一个阶级当政，今天的社会关系和昨天的社会关系不会完全两样。只要这一事实存在，旧法中就提供了不少材料可以批判吸收"，"法作为统治阶级的意志，在敌对阶级之间，是不能继承的，但是法作为文化知识现象而成为文化遗产的一部分时，是可以考虑

---

① 李光灿：《批判法制工作中的旧法学观点》，《人民日报》1951 年 5 月 17 日第 3 版。

② 李光灿、李剑飞：《肃清反人民的旧法观点》，《人民日报》1952 年 8 月 22 日第 3 版。

③ 《建设新中国的法律与司法工作》，《人民日报》1949 年 6 月 18 日第 1 版。

接受的"①，但这些观点同样受到了否定，理由是："法律和政治是分不开的。不管法律界右派分子怎样说法律是超政治的，但是在这次斗争中，他们提出的问题，没有一个是纯法律问题"②。

《六法全书》被废除后，新中国法律的制定呈现出非法典化（单行化）的特点。在当时的历史条件下，"制定一套完备细密的法律，这是一种脱离实际的、主观主义的想法。因为当时……进行土地改革、镇压反革命等社会改革运动中……不可能也不应该主观地、生硬地制定一套所谓完备的法律"③，"我们的人民民主法制，不能过早过死地主观规定一套，而是必须从实际出发，根据政治经济发展的客观要求，逐步地由简而繁地发展和完备起来"④。正如 1951 年5 月 11 日彭真在《关于政法工作的情况和目前任务的报告》中所指出的："在立法方面，目前还不宜追求制定一些既不成熟又非完备、细密的成套的法规，以致闭门造车；应该按照当前的中心任务和人民急需解决的问题，根据可能与必要，把成熟的经验定型化，由通报典型经验并综合各地经验逐步形成制度和法律条文，逐步地由简而繁，由通则而细则，由单行法规形成整套的刑法、民法"⑤。因此，针对社会需要或运动需要制定单行法，然后基于单行法再逐步制定整套法典就成了立法工作的思路，所以当时的婚姻法、土地改革法、工会法、惩治反革命条例、惩治贪污条例都是单行法，而不是法典。另一方面在思想上，当时许多人把"主张及早系统地立法也看做'旧法'或'六法'"⑥，所以从废除《六法全书》直到后来

---

① 《北京法学界讨论法律、法学的阶级性和继承性》，《人民日报》1957 年 5 月 22日第 7 版。

② 陶希晋：《法律界的斗争》，《人民日报》1957 年 9 月 13 日第 7 版。

③ 《董必武法学文集》，法律出版社 2001 年版，第 235 页。

④ 《董必武选集》，人民出版社 1985 年版，第 411 页。

⑤ 《彭真文选》，人民出版社 1991 年版，第 213 页。

⑥ 杨兆龙：《我国重要法典何以迟迟还不颁布》，《新闻日报》1957 年 5 月 9 日第 3版，转引自陆锦碧等：《建国初期要不要及时制定法典的争议》，郭道晖等《中国当代法学争鸣实录》，湖南人民出版社 1998 年版，第 101 页。

改革开放，中国除了宪法的制定和修改外，几乎没有任何法典，这种局面一直到 1978 年邓小平提出"集中力量制定刑法、民法、诉讼法和其他各种必要的法律"①，才发生改变。

第二节　新中国建立初期的立法

新中国建立初期，政治上要巩固无产阶级新生政权、经济社会上要促进新政权各项事业发展，都需要尽快制定新法律从而建立社会主义法制，正如 1950 年 11 月 3 日政务院《关于加强人民司法工作的指示》中所指出的："尽管司法工作已经有了共同纲领及中央人民政府委员会、政务院、最高人民法院及其他机关所发布的许多法律、法令、示、决定等重要依据，但新法律从总体上说还很不完备"②，而且旧法统已经被彻底否定了，那么如何填补法律空白？答案是，学习苏联法。

早在革命战争时期，中国共产党就已经通过学习苏联法制定相关法律③。新中国成立后，中国外交上实行"一边倒"④ 的外交方针，在全盘否定旧法统后，向苏联学习相关法制建设的经验也就水到渠成。1949 年 6 月毛泽东在《论人民民主专政》中指出："十月革命帮助了全世界的也帮助了中国的先进分子，用无产阶级的宇宙观作为观察国家命运的工具，重新考虑自己的问题。走俄国人的路——这就是结论"⑤，他在《再论无产阶级专政的历史经验》中也指

---

① 《邓小平文选》（第二卷），人民出版社 1994 年版，第 146 页。

② 《建国以来重要文献选编》（第一册），中共中央文献出版社 1992 年版，第 451—452 页。

③ 韩延龙、常兆儒编：《中国新民主主义革命时期根据地法制文献选编》（第 3 卷），中国社会科学出版社 1981 年版；韩延龙、常兆儒编：《中国新民主主义革命时期根据地法制文献选编》（第 4 卷），中国社会科学出版社 1984 年版；何勤华等著：《法律移植论》，北京大学出版社 2008 年版，第 180 页。

④ 《毛泽东选集》（第四卷），人民出版社 1991 年版，第 1472—1473 页。

⑤ 《毛泽东选集》（第四卷），人民出版社 1991 年版，第 1471 页。

出："苏联的全部经验，包括某些错误和失败的经验在内，都值得我们认真地加以研究，而它的成功的基本经验尤其重要"①。另外，客观上，苏联法制建设的成功实践，也为新中国法制建设提供了示范，所以学习苏联法就成为当时法制建设的现实可行选择。1954 宪法起草之初，毛泽东就非常重视借鉴苏联的制宪经验，在 1954 年 1 月 15 日给刘少奇等信中指出："望各政治局委员及在京中央委员从现在起即抽暇阅看下列主要文件：（一）一九三九年苏联宪法及斯大林报告；（二）一九一八年苏俄宪法……"②，之后指出，中国的宪法起草"也参考了苏联和各人民民主国家宪法中好的东西"③。1954 年 9 月 1 日刘少奇在《关于中华人民共和国宪法草案的报告》中也指出："以苏联为首的社会主义国家的经验，对我们有很大的帮助"④，"宪法是全体人民和一切国家机关都必须遵守的"⑤。

从更深层次上看，意识形态的一致性天然使得新中国更能接受苏联法。苏联法强调的是：法律是由国家强制力保证实施的并由国家制定和认可的统治阶级控制社会的工具，体现的是国家意志（也就是说法律具有阶级性）。马克思、恩格斯在《德意志意识形态》中指出："法律是由统治者的共同利益所决定的意志的表现"⑥；在《共产党宣言》中也谈道："你们的法不过是被奉为法律的你们这个阶级的意志，而这种意志的内容是由你们这个阶级的物质生活条件决定的"⑦；列宁则将法律简化为："法律就是取得胜利、掌握政权

---

① 《建国以来重要文献选编》（第九册），中共中央文献出版社 1994 年版，第 566 页。
② 《毛泽东文集》（第六卷），人民出版社 1999 年版，第 320—321 页。
③ 《毛泽东文集》（第六卷），人民出版社 1999 年版，第 326 页。
④ 《建国以来重要文献选编》（第五册），中共中央文献出版社 1993 年版，第 477 页。
⑤ 《刘少奇选集》（下卷），人民出版社 1985 年版，第 168 页。
⑥ 《马克思恩格斯选集》（第三卷），人民出版社 1995 年版，第 378 页。
⑦ 《马克思恩格斯选集》（第一卷），人民出版社 1972 年版，第 268 页。

的阶级的意志的表现"①。另外，苏联法强调政治与法律的相关性。"我们的法律是服从于政治的，没有离开政治而独立的法律。政治要求什么，法律就规定什么"②，"法律是一种政治措施，是一种政治"，"专政是直接凭借暴力而不受任何法律约束的政权"，无产阶级的革命政权是"由无产阶级对资产阶级采用暴力手段来获得和维持政权，是不受任何法律约束的政权"③。早在1949年《中央关于废除国民党〈六法全书〉和确定解放区司法原则的指示》中就可以看到苏联法的痕迹了，该文件第2部分指出："法律是统治阶级以武装强制执行所谓国家意识形态，法律和国家一样，只是保护一定统治阶级利益的工具"④，该文件第5部分强调："在无产阶级领导的工农联盟为主体的人民民主专政的政权下，国民党的《六法全书》应该废除，人民的司法工作不能再以国民党的《六法全书》做依据，而应该以人民的新的法律做依据……"⑤ 这也是苏联法中强调政与法的相关性的特征的反映。

苏联法的这种观点之所以能在中国得到认可：一是因为这契合中国传统文化。几千年来，中国奉行的是"德主刑辅"，强调道德教化作用，宗法制和儒家文化强调对权威的服从，老百姓普遍认为"法"就是刑法，是用来"治理人民"的，民间私人之间的纠纷往往是通过私力救济，人们羞耻于对簿公堂，所以导致法律条文多禁止性规范，少权利性规范。二是符合当时中国的"继续革命"的国情。在中国共产党经历过的革命斗争中，法律的阶级性是契合战争需要的，这种法律意识决定了中国共产党在全面执政后对法律制度的基本看法和态度，即阶级性成为法律的基本属性，如："军队、警

---

① 《列宁全集》（第十三卷），人民出版社1995年版，第304页。
② 《马克思恩格斯选集》（第一卷），人民出版社1972年版，第156页。
③ 《列宁全集》（第三十五卷），人民出版社1985年版，第237页。
④ 来源：人民数据库的《中国共产党重要文献信息库》。
⑤ 来源：人民数据库的《中国共产党重要文献信息库》。

察、法庭等国家机器，是阶级压迫阶级的工具"[1]，"法律是上层建筑。我们的法律，是劳动人民自己制定的。它是维护革命秩序，保护劳动人民利益，保护社会主义经济基础，保护生产力"[2]，"法代表统治阶级的意志"[3]，"我们的人民民主法制，是工人阶级领导的人民群众通过国家机构表现出来的自己的意志，是我们国家实现人民民主专政的重要工具"[4]。

于是，新中国 1954 年宪法参照了苏联 1936 年宪法，在司法机构设置、职能及行政机构的建立等方面的规定也与苏联具有很大相似之处[5]，例如，设置法院、检察院，同时还建立起了政府法制机构和检察监察体系，确定了人民陪审员制度等。土地法、婚姻法、经济法、民法等的制定也以苏联法为基础[6]。在法学教育领域，新中国 1952 年调整政法院系并将苏联法律作为法学教学内容，至 1956 年，中国共引进、翻译、出版了 400 余种苏联的法学教材和著作，以及一批教学大纲[7]，聘请了数百位苏联专家来高等院校任教[8]，还向苏联派遣法律留学生 80 人[9]。

新中国成立初期从理论到实践全面学习借鉴苏联法制模式和经验，客观上奠定了新中国法制的基础。据统计，1949 年 9 月至 1954

---

① 《毛泽东选集》（第四卷），人民出版社 1991 年版，第 1476 页。

② 《毛泽东文集》（第七卷），人民出版社 1999 年版，第 197 页。

③ 《彭真文选》，人民出版社 1991 年版，第 261 页。

④ 《董必武选集》，人民出版社 1985 年版，第 406 页。

⑤ 杨心宇、李凯：《略论苏联法对我国法学的影响》，《复旦学报（社会科学版）》2002 年第 4 期。

⑥ 李秀清：《试论苏联经济法理论对中国的影响》，《政治与法律》2002 年第 3 期；李秀清：《新中国婚姻法的成长与苏联模式的影响》，《法律科学》2002 年第 4 期；公丕祥：《中国的法制现代化》，中国政法大学出版社 2004 年版，第 437 页及以下。

⑦ ［美］E. 博登海默：《法理学、法律哲学和法律方法》，邓正来译，中国政法大学出版社 1999 年版。

⑧ 何勤华：《中国法学史纲》，商务印书馆 2012 年版，第 375—376 页。

⑨ 张友渔主编：《中国法学四十年》，上海人民出版社 1989 年版，第 5 页。

年 8 月，中央颁布的法律、法令、法规性文件达 530 件①，例如，先后制定了地方各级人民政府和司法机关的组织通则、工会法、婚姻法、土地改革法、法院暂行组织条例、惩治反革命条例、惩治贪污条例和全国人民代表大会及地方各级人民代表大会选举法等法律②。尤其值得一提的是，1954 年宪法是新中国民主法制建设的一个标志性事件，制宪过程中民主政治参与空前广泛，先后组织 80000 多人参加讨论，提出修改意见 5900 多条，参加讨论的人数达 1.5 亿；1953 年 1 月成立了以毛泽东为主席，朱德、宋庆龄、李济深等 32 人组成的宪法起草委员会；3 月，全国政协常委会根据中央的指示邀请各民族党派、团体和民主人士 500 余人讨论宪法草案初稿，后来又相继举行了 14 次讨论会议。1954 年 6 月 14 日，中央人民政府委员会公布了经过修改的宪法草案，全国有 1.5 亿人参加了讨论。新中国第一部宪法制定后，全国人大及其常委会通过的法律共 60 件，主要包括：全国人大组织法、国务院组织法等③。这一时期的立法既强调立足国情，也强调民主立法，如"各国的社会制度、具体情况都不同，我们制定法律，不能抄袭外国""立法要很客观，在高度民主基础上，尽可能把所有的正确意见集中起来，才能达到高度集中"，"今后必须从立法方面，从健全人民司法、公安和检察制度方面，对人民的民主权利充分予以保护"④。

在革命战争年代，群众运动是中国共产党争取群众、动员群众实现社会治理目标的有效方法。新中国成立后，为了彻底摧毁旧的社会制度，巩固新生政权，国内也开展了一系列政治运动，为党和国家许多工作的顺利开展发挥了重新作用，部分法律也在政治运动中产生，正如 1955 年 9 月 8 日，董必武在同苏联法学专家谈话时，

① 蓝全普：《三十年来我国法规沿革概况》，群众出版社 1980 年版，第 10 页。
② 《董必武选集》，人民出版社 1985 年版，第 407—408 页。
③ 陈斯喜：《新中国立法 60 年回顾与展望》，《法治论丛》2010 年第 2 期。
④ 彭真：《论新中国的政法工作》，中央文献出版社 1992 年版，第 110、268、89 页。

就运动与法制工作的关系所指出的那样："新中国成立以来一直是处在紧张的群众运动当中，群众运动不是依靠法律，而是依靠发动广大群众。运动有一个特点，就是突破旧的法律。……另一方面促使机关工作的质量进一步提高，并在运动中创造了法律。运动是促进、发展、提高了法制工作"①；"过去土改、镇反、三反、五反，都是依靠群众运动，不是先有了法律才搞起来的。我们的法律是从群众运动中产生的，例如土地改革法、惩治反革命条例、惩治贪污条例，都是在群众运动中总结了群众斗争的经验才制定出来的"②，"我们在运动中还立了一些法，如惩治反革命条例，不是镇反前，而是镇反中定下来的。惩治贪污条例也是在三反运动中定下来的"③。1956年，他在八大上发言指出：建国以来"所有这些法律、法令……特别是摧毁一切旧的社会制度，保障各项社会民主改革运动的胜利……起了很大的作用"④。

这些政治运动中产生的法律起到了规范政治运动的进行、巩固了政治运动的成果的作用。1950年6月14日，刘少奇在《关于土地改革问题的报告》中指出："为了有领导有秩序地去进行今后的土地改革，中央人民政府必须颁布一个土地改革法及其他若干文件"⑤；1951年1月22日，彭真在《关于镇压反革命和惩治反革命条例问题的报告》中指出："为了给予干部和群众以镇压反革命活动的法律武器，为了给予审判反革命罪犯的人员以量刑的标准，为了在坚决镇压反革命活动中克服或防止右的偏向和左的偏向，需要有一个惩治

---

① 《董必武政治法律文集》，法律出版社1986年版，第439—440页。
② 《建国以来重要文献选编》（第十册），中共中央文献出版社1994年版，第125页。
③ 《董必武政治法律文集》，法律出版社1986年版，第438页
④ 《董必武选集》，人民出版社1985年版，第408页。
⑤ 《建国以来重要文献选编》（第一册），中共中央文献出版社1992年版，第290页。

反革命的条例"①；1952 年 4 月 18 日，彭真在《关于惩治贪污条例草案的说明》中指出："现在为了对贪污分子和偷盗分子分别予以惩治，为了巩固'三反'和'五反'运动已经取得的胜利，并继续和一切贪污偷盗行为进行坚持不懈的斗争，制定一个法律是完全必要的，这就是今天要讨论的中华人民共和国惩治贪污条例"②。

这些政治运动中产生的法律也指导了司法工作的展开。彭真曾指出："政法工作不是一种只坐在屋子里办公事、搞文牍的工作，而是一种与群众运动相结合的实际工作"③。董必武认为司法工作"是镇压反动派保护人民的直接工具，是组织与教育人民群众作阶级斗争的有力武器"④。镇反运动中，1950 年 7 月 23 日，《政务院、最高人民法院关于镇压反革命活动的指示》⑤ 要求各级法院审判反革命罪犯。1950 年 11 月，《政务院关于加强人民司法工作的指示》中指出："人民司法工作当前主要任务是镇压反动，保护人民"⑥。随着土地改革运动的开始，1951 年 11 月 16 日，最高人民法院、最高人民检察署和司法部也联合发出了《关于土地改革地区的人民司法机关必须大力参加人民法庭工作的指示》。为了更好地完成"三反"和"五反"运动，1952 年 3 月 24 日和 30 日政务院分别公布施行《关于"五反"运动中成立人民法庭的规定》⑦ 和《关于"三反"运动中成立人民法庭的规定》⑧，4 月 15 日，最高人民法院颁发了《人民法庭办案试行程序》。1953 年《第二届全国司法会议决》中指

---

① 《建国以来重要文献选编》（第二册），中共中央文献出版社 1992 年版，第 52—53 页。

② 《彭真文选》，人民出版社 1991 年版，第 232 页。

③ 《彭真文选》，人民出版社 1991 年版，第 213 页。

④ 《董必武政治法律文集》，法律出版社 1986 年版，第 234 页。

⑤ 《建国以来重要文献选编》（第一册），中共中央文献出版社 1992 年版，第 358 页。

⑥ 《建国以来重要文献选编》（第一册），中共中央文献出版社 1992 年版，第 452—453 页。

⑦ 《建国以来重要文献选编》（第三册），中共中央文献出版社 1992 年版，第 125 页。

⑧ 《建国以来重要文献选编》（第三册），中共中央文献出版社 1992 年版，第 131 页。

出："三年多来，全国各级人民法院和人民法庭。……从司法工作方面配合了土地改革、镇压反革命、'三反''五反'等各项运动，维护了人民民主专政的秩序和人民的民主权利"①。

部分法律在政治运动中产生，使得法律和政治更密不可分。1952年，在司法改革运动中，司法人员被要求要"懂政治，不懂政治决不会懂得法律"②；刘少奇在1962年召开的扩大的中央工作会议的报告中也说："政治是统帅，是灵魂。政治挂帅，就是党的路线挂帅，党的政策挂帅"③。"这套政治与法律之间有机结合产生了一个独特的法律概念'政法'，当然这不仅是一个概念，而且是一套学说，而且是一套组织机构，一套权力技术，一套成熟的法律实践"④。但也导致某些情况下相对宽泛的政治标准代替了严格的法律程序。例如，"五反"中就曾提出"违法不违法，对资产阶级是一个政治标准"⑤；另外也可能助长人们轻视法制的心理。正如董必武指出的："在我们党领导人民没有夺得全国的政权以前。……一切革命工作都是在突破旧统治的法制中进行的；夺得全国的政权以后，我们又彻底地摧毁了旧的政权机关和旧的法统。所以仇视旧法制的心理在我们党内和革命群众中有极深厚的基础，这种仇视旧法制的心理可能引起对一切法制的轻视心理"⑥。对此，中国共产党也有所认识警惕。万里曾经说过："在革命斗争中，我们党依靠自己正确的纲领和艰苦卓绝的斗争，赢得了人民的爱戴，确立了革命领导者的地位，成为执政党后，是国家的领导核心，群众尊重党，拥护党，

---

① 《建国以来重要文献选编》（第四册），中共中央文献出版社1993年版，第168页。

② 王定国：《谢觉哉论民主与法制》，法律出版社1996年版，第156页。

③ 《刘少奇选集》（下卷），人民出版社1985年版，第367页。

④ 强世功：《法制与治理——国家转型中的法律》，中国政法大学出版社2003年版，第123页。

⑤ 薄一波：《若干重大决策与事件的历史回顾》（上），中共中央党校出版社1991年版，第166页。

⑥ 《董必武选集》，人民出版社1985年版，第416页。

有事情找党委、党委书记解决，这本来是好现象，是对的。但我们又的干部恰恰不懂法，不重视民主和法制，就容易产生'以言代法'的问题[①]。董必武也曾指出："因为群众运动是不完全依靠法律的，甚至对他们自己创造的表现自己意志的法律有时也不大尊重"[②]，"革命的群众的运动是不完全依靠法律的，这可能带来一种副产物，助长人们轻视一切法制的心理"[③]，"我们的人民民主专政的政权要想办法使人民从不信法、不守法变成为信法、守法"[④]。1953 年 9 月，彭真在《关于政治法律工作的报告》也指出："我们的政法工作，主要的已经不是进行像过去那样的社会改革运动，而是逐步健全和运用人民民主法治，进一步巩固人民民主专政"[⑤]。

需要明确的是，在此历史阶段，政策发挥了重要的作用。中国共产党在历史上就极为重视政策的作用，因为党始终处于中外反动势力的压力下，客观上无法使用法律武器同旧统治者进行斗争，后来在革命根据地时期，虽然也制定了一些法律，但总的来说还是依靠政策和军队的纪律进行管理。全面执政后，中国共产党仍然高度重视政策，因为从新中国的社会现实出发，当时国内外环境仍然十分严峻，各种问题层出不穷，法律的程序化和严密性必然导致时间的滞后性，所以，依靠政策管理国家，是现实的选择，正如刘少奇所说："在革命战争时期和全国解放初期，为了肃清残余的敌人，镇压一切反革命分子的反抗，破坏反动的秩序建立革命的秩序，只能根据党和人民政府的政策"[⑥]。例如，镇压反革命运动后，中央就提出了"打得稳、打得准、打得狠"和"严密控制，不要乱，不要

---

① 全国人大常委会办公厅万里论著编写组：《万里论人民民主与法制建设》，中国民主法制出版社 1996 年版，第 58—59 页。

② 《董必武选集》，人民出版社 1993 年版，第 340 页。

③ 《董必武选集》，人民出版社 1985 年版，第 417 页。

④ 《董必武选集》，人民出版社 1985 年版，第 339 页。

⑤ 《彭真文选》，人民出版社 1991 年版，第 243 页。

⑥ 《刘少奇选集》（下卷），人民出版社 1985 年版，第 253 页。

错"①的方针，1950 年 10 月出台《中共中央关于镇压反革命的指示》②之后又发出《关于纠正镇压反革命活动中的右倾偏向的指示》，政务院总理、最高人民法院院长发布《关于镇压反革命的指示》，还有《第三次全国公安会议决议》对清查处理阶段的指导方针。再如，在"三反""五反"运动中，中央强调"注意维持经济生活的正常进行，如果在一个短时间内出现了不正常状态，亦应迅速地恢复正常状态"③等。

第三节　法律制度建设的停滞

新中国成立后，中国共产党在思想上很重视法制建设。例如，毛泽东在 1953 年 1 月 5 日《反对官僚主义、命令主义和违法乱纪》中指出："凡典型的官僚主义、命令主义和违法乱纪的事例，应在报纸上广为揭发。其违法情形严重者，必须给予法律的制裁，如是党员，必须执行党纪"④；1954 年 6 月，他在《关于中华人民共和国宪法草案》的讲话中指出："一个团体要有一个章程，一个国家也要有一个章程，宪法就是一个总章程，是根本大法"⑤；1956 年 4 月，他在《论十大关系》中强调放开地方立法权："我们的宪法规定，立法权在中央。但是在不违背中央方针的条件下，按照情况和工作需要，地方可以搞章程、条例、办法，宪法并没有约束"⑥。1956 年 9 月，党的八大提出："国家必须根据需要，逐步地系统地制定完备的法律，一切国家机关和国家工作人员必须严格遵守国家的法律，使

---

① 《建国以来重要文献选编》（第一册），中央文献出版社 1992 年版，第 509 页。
② 《建国以来重要文献选编》（第一册），中央文献出版社 1992 年版，第 420 页。
③ 《毛泽东文集》（第六卷），人民出版社 1999 年版，第 195 页。
④ 《毛泽东文集》（第六卷），人民出版社 1999 年版，第 255 页。
⑤ 《毛泽东著作选读》（下册），人民出版社 1986 年版，第 710 页。
⑥ 《毛泽东文集》（第五卷），人民出版社 1999 年版，第 276 页。

人民的民主权利充分地受到国家的保护"①，刘少奇在八大报告中指出："现在，革命的暴风雨时期已经过去了，新的生产关系已经建立起来，斗争的任务已经变为保护社会生产力的顺利发展，因此，斗争的方法也就必须跟着改变，完备的法制就是完全必要的了"②，"我们目前在国家工作中的迫切任务之一，是着手系统地制定比较完备的法律，健全我们国家的法制"③；董必武也说："依法办事，是我们进一步加强人民民主法制的中心环节"，国家治理"必须有法可依"，"有法必依"④，"国家没有法制，就不能成为一个国家"⑤，"党就必须采取积极措施，健全我们的人民民主法制，以便进一步保卫人民民主制度，巩固法律秩序，保障人民民主权利"⑥。八大以后，1956 年 12 月，毛泽东在《再论无产阶级专政的历史经验》中指出：斯大林"在一定程度上损害了苏联党的生活中和国家制度中的民主集中原则，破坏了一部分社会主义法制"，并提出"应该在国内政治生活中逐步发展和健全各种民主程序"和"法制"⑦；1957 年 1 月，他在省、市、自治区党委书记会议上又强调，全党和全国人民"一定要守法，不要破坏革命的法制。我们要求所有的人都遵守革命法制"，"法制要遵守。按照法律办事，不等于束手束脚"，"要按照法律放手放脚"⑧。

但是，1957 年的"反右"运动和 1958 年的"大跃进"运动发

---

① 《中共党史参考资料》（八），人民出版社 1980 年版第 531 页。

② 《刘少奇选集》（下卷），人民出版社 1985 年版，第 253 页。

③ 《刘少奇选集》（下卷），人民出版社 1985 年版，第 253 页。

④ 《中共党史参考资料》（八），人民出版社 1980 年版，第 466—467 页。

⑤ 《董必武政治法律文集》，法律出版社 1986 年版，第 520 页。

⑥ 《董必武政治法律文集》，法律出版社 1986 年版，第 487 页。

⑦ 《建国以来重要文献选编》（第九册），中共中央文献出版社 1994 年版，第 488 页。

⑧ 《毛泽东选集》（第五卷），人民出版社 1977 年版，第 330—362 页。

动后，刘少奇所提出的建设"完备的法制"的探索被迫中断①。党的八大提出的关于法制建设的正确主张和方针政策没能一以贯之。究其原因：一方面，经济基础决定上层建筑。20 世纪 50 年代后期，国内经过镇反等运动使得新中国政权日益巩固，抗美援朝战争也取得了胜利，经过社会主义改造，国内经济制度基本形成计划经济体制，经济决策权集中在中央。计划经济体制在当时最大限度促进了国民经济的发展，但也客观上降低了对法制的需求：在形势发生变化特别是在国家政策改变或群众运动时期，计划可以根据现实情况迅速调整和改变，而法律修订则是一个漫长的过程，这种迟滞性可能会影响国家治理。另外，计划经济体制使得企业缺乏自主经营权，限制了市场对法律的需求，即不需要完备的法律来规范经营活动。另一方面随着 1957 年下半年的"反右"运动的扩大化，阶级矛盾重新上升为社会的主要矛盾，党和国家工作中"左"倾错误思想不断加重，开始否定或轻视法制在国家治理中的作用。1958 年批评反冒进以来，党和国家的民主生活逐渐不正常，"一言堂"等家长制现象不断增长②，法制建设也停滞下来。1958 年 12 月中央政法小组在一份报告中提出："刑法、民法、诉讼法根据我国实际情况看来，已经没有必要制定了"③。后来，"大跃进"和人民公社化运动遇到挫折，党内对如何建设社会主义的分歧加剧。

必须要指出的是，面对"大跃进"等运动造成的混乱局面，中国共产党也曾逐步认识到法制建设的重要性。1962 年，毛泽东在听取政法工作汇报时指出："不仅刑法要，民法也要，现在是无法无天。没有法律不行，刑法、民法一定要搞。不仅要制定法律，还要

---

① 翁有为：《政府法制化的艰难探索：新中国成立后专员区公署制度的推行及变化》，《中共党史研究》2007 年第 1 期。

② 《邓小平文选》（第二卷），人民出版社 1994 年版，第 330 页。

③ 转引自郑谦、庞松等：《当代中国政治体制发展概要》，中共党史资料出版社 1988 年版，第 99 页。

编案例"①。刘少奇也指出："法制不一定是指专政方面的，人民内部也要有法制，国家工作人员和群众也要受公共章程的约束"②，但是后来仍旧没有改变已经形成的以阶级斗争为主的治国方式。1964年，毛泽东指出中国可能出现修正主义，1965 年他确认中央出现了修正主义，并认为包括法制在内的过去的方式都不能解决"党变修、国变色"的危机，只有通过自下而上的"文化大革命"才能解决。应该说毛泽东提醒人们注意和平演变的危险，努力防止党和国家改变颜色的思想是深刻的，但他对当时中国政治形势的估计是不符合实际情况的，所采取的解决问题的方法是完全错误的③，因为这些结论就使得政治运动更加偏离法制的轨道，"党的一元化领导，往往因此而变成了个人领导。全国各级都不同程度地存在这个问题"④，而"一个国家的命运建立在一两个人的声望上面，是很不健康的，是很危险的。不出事没问题，一出事就不可收拾"⑤。

所以，在此期间国家的法制建设几近停滞。1957 年至 1976 年，我国只制定了 1975 年宪法和《治安管理处罚条例》《户口管理条例》《农业税条例》等极少的法律，而且这些法律还存在严重错误⑥。"刑法、民法等基本法律一个都没有制定出来"⑦。作为全国最高立法机关的全国人民代表大会无法正常运转，人大换届难以进行、会议次数缩水，按照 1954 年宪法规定每届全国人大任期 4 年，每年应举行一次代表大会，但是第二届人大的任期长达 6 年 7 个月，第三届人大的任期更是长达 10 年。1957 年至 1965 年的 9 年间，全国

---

①　《毛泽东文集》（第三卷），人民出版社 1996 年版，第 209 页。

②　《刘少奇选集》（下卷），人民出版社 1985 年版，第 452 页。

③　张启华：《读懂毛泽东》，四川人民出版社 2001 年版，第 119—132 页。

④　《邓小平文选》（第二卷），人民出版社 1994 年版，第 329 页。

⑤　《邓小平文选》（第三卷），人民出版社 1993 年版，第 311 页。

⑥　全国人大常委会办公厅研究室：《人民代表大会制度建设四十年》，中国民主法制出版社 1991 年版，第 102 页。

⑦　蓝全普：《七十年法律要览》，法律出版社 1997 年版，第 167 页。

人大只召开了六次会议。① 司法机关被相继撤销或精简，1957 年 8 月铁路与水上法院被撤销。1958 年，一些地区把"公、检、法"合并为公安政法部。1959 年 4 月，二届全国人大一次会议根据国务院的提议作出决议，撤销司法部、监察部，6 月国务院法制局也被撤销。1960 年 11 月，最高院、最高检、公安部合署。"公、检、法"尽管在 60 年代得到一定恢复，如最高人民检察院相继恢复了各个业务机构，但在"文革"期间被彻底砸烂。法学教育方面，全国的法律院系被解散，只保留了北京大学和吉林大学的法律系，许多法学课程被取消，许多正确的法律理念被批判。

所以，这个时期的法制建设可以说已陷入停滞，改革开放后，中国共产党领导法治建设，当务之急要解决的就是以立法重启法律制度建设的问题。

---

① 赵震江：《中国法制四十年（1949—1989）》北京大学出版社 1990 年版，第 183 页。

第三章　保障安定和发展经济
——以立法为主导的法治建设的开端（1978—1991）

　　"文革"结束，中国共产党提出加强民主法制等思想，百姓也渴望安定和秩序，因此以立法重启法律制度建设成为党和人民的共同选择。此阶段，法治建设的重点是：一方面通过重订宪法、刑法等以保障安定团结；另一方面恢复社会秩序，初建经济法律制度以发展国民经济。

第一节　背景及标志

一、改革开放初期国家百废待兴

　　马克思在《对民主社会主义者莱茵区委员会的审判（马克思的发言)》中指出："社会不是以法律为基础的，那是法学家的幻想。相反地，法律应该以社会为基础。法律应该是社会共同的、由一定物质生产方式所产生的利益和需要的表现，而不是单个的个人恣意横行"[①]。中国共产党历来有根据实践需要制定法律的传统，例如，早在革命战争时期，党根据革命斗争和创建人民民主政权的需要，制定了一系列法律和法令、条例、决议。刘少奇说过："在革命战争时期和全国解放初期，为了肃清残余的敌人，镇压一切反革命分子的反抗，破坏反动的秩序，建立革命的秩序，只能根据党和人民政府的政策，规定一些临时的纲领性的法律。……那些纲领性的法律是适合于当时的需要的"[②]。董必武也说："在过去国内革命战争的

---

①　《马克思恩格斯全集》（第六卷），人民出版社1961年版，第292页。
②　《刘少奇选集》（下卷），人民出版社1985年版，第253页。

各个时期，各个革命根据地，在党的统一领导下，制定了许多代表人民意志和符合革命利益的政策”，“我们人民民主法制所以有力量，是由于它是适应国家建设的迫切需要而逐步建立起来的”①。苏区时期，为巩固红色苏维埃政权，党曾制定了《中华苏维埃共和国宪法大纲》《中华苏维埃共和国土地法》《中华苏维埃共和国劳动法》和《中华苏维埃共和国婚姻条例》等一系列法律②。抗战时期，为巩固抗日民主政权，在《关于目前形势与党的任务的决议》《抗日救国十大纲领》等指导下，党制定和颁布了《陕甘宁边区抗战时期施政纲领》《晋察冀边区目前施政纲领》《晋冀鲁豫边区目前施政纲领》《淮南、苏皖边区施政纲领》《山东战时施政纲领》等③法律法规。解放战争时期，为彻底推翻国民党的统治，在1947年《中国人民解放军宣言》和《目前形势和我们的任务》、1948年的《关于目前党的政策中的几个重要问题》之后，党先后发布了《中国土地法大纲》等法律法规。为把革命胜利成果用法律形式固定下来，1949年9月29日，中国人民政治协商会议第一届全体会议通过了《共同纲领》④，“宣告了中华人民共和国的成立，确定了中华人民共和国应当实现的各方面的基本政策”⑤，而后“根据共同纲领建立了中央国家机关和地方各级人民政府，开展了全国范围内的法制建设，先后制定了地方各级人民政府和司法机关的组织通则等法律、法令”⑥。新中国成立后，中国共产党领导的法治建设也是紧紧围绕巩固新生政权、恢复和发展国民经济的迫切现实需要展开的，正如刘少奇所说："为了巩固我们的人民民主专政，为了保卫社会主义建设的秩序和保障人民的民主权利，为了惩治反革命分子和其他犯罪分子，我

---

① 《董必武选集》，人民出版社1985年版，第406、410页。
② 袁兆春主编：《中国法制史》，科学出版社2008年版，第231页。
③ 袁兆春主编：《中国法制史》，科学出版社2008年版，第232页。
④ 《建国以来重要文献选编》（第一册），中共中央文献出版1992年版，第5页。
⑤ 《刘少奇选集》（下卷），人民出版社1985年版，第140页。
⑥ 《董必武选集》，人民出版社1985年版，第407—408页。

们目前在国家工作中的迫切任务之一，是着手系统地制定比较完备的法律，健全我们国家的法制"①。为了"用法律的形式把我国过渡时期的总任务肯定下来"②，1954 年 9 月，新中国制定了第一部宪法，"体现了我党在过渡时期的总路线的要求，明确地规定了实现社会主义改造和社会主义建设的方法和步骤"，并且"依据宪法，重新制定了一些有关国家机关和国家制度的各项重要法律、法令"③。"所有这些法律、法令，对于维护革命秩序，保护人民利益，巩固民族团结，特别是摧毁一切旧制度，保障各种社会民主改革运动的胜利，促进国民经济的恢复和发展，起了很大的作用"④。

十年"文革"过后，社会主义建设当时面临两大迫切需求：一是保障安定转转，广大干部和群众吃尽了"无法无天"的苦头，乱后思治，人心思法，因此"有法可依"是迫在眉睫，人心所向，大势所趋的历史必然⑤。中国共产党也深刻认识到了这一点，叶剑英指出："广大人民群众要求加强和完善我国的社会主义法制。有了完善的法制，就能使宪法所规定的人民的民主权利得到有效的保障，就能不断地发展安定团结、生动活泼的政治局面，以利于社会主义建设的进行"⑥。彭真也指出："现在有些地方和单位，人民的积极性和创造性还受到压抑，人民的人身权利、民主权利和其他权利有时还得不到可靠的保障。这一切表明，要发展社会主义民主，必须逐步健全社会主义法制，使九亿人民办事有章可循，坏人干坏事有个约束和制裁。因此，"'人心思法'，全国人民都迫切要求有健全的

---

① 《刘少奇选集》（下卷），人民出版社 1985 年版，第 253 页。
② 刘少奇：《关于中华人民共和国宪法草案的报告》（1954 年 9 月 15 日），《刘少奇选集》（下卷），人民出版社 1985 年版，第 144 页。
③ 《董必武选集》，人民出版社 1985 年版，第 409 页。
④ 《董必武选集》，人民出版社 1985 年版，第 408 页。
⑤ 杨森：《试论我国法制建设的指导方针》，《复印报刊资料（法律）》1980 年第 9 期。
⑥ 《叶剑英委员长的开幕词》，《人民日报》1979 年 6 月 19 日第 1 版。

法制"①。

　　二是尽快恢复和发展国民经济，提高人民生活水平。"文革"结束时，"国民经济濒于崩溃"，"到一九七八年底，全国还有三分之一的企业管理比较混乱，生产秩序不正常。全国重点企业主要工业产品中的三十项主要质量指标还有十三项低于历史最好水平"②。人民生活水平低，"我们干革命几十年，搞社会主义三十多年，截至一九七八年，工人的月平均工资只有四五十元，农村的大多数地区仍处于贫困状态"③ 等；"建国快三十年了，现在还有讨饭的，怎么行呢？"④；"革命胜利三十年了，人民要求改善生活。有没有改善？有。但不少地方还有要饭的。……社办工业很多，小城镇工业也很多，办这些工业是有道理、有原因的。原因就是要就业，要提高生活"⑤；"十多年来，农民从集体分得的平均收入几乎没有什么增加；职工的就业面是扩大了，但平均工资没有提高。我们在集体福利、职工住宅、公用事业、环境保护和文教卫生等方面，累积起来的问题很多"⑥；"劳动就业问题十分严重。……大批人口要就业，这已经成为一个突出的社会问题"⑦；"同世界先进水平的差距还很大，科学技术力量还很薄弱，远不能适应现代化建设的需要……我们现在的生产技术水平是什么状况？几亿人口搞饭吃，粮食问题还没有

---

① 彭真：《关于七个法律草案的说明》，《彭真文选》，人民出版社 1991 年版，第368—369 页。

② 李先念：《在中央工作会议上的讲话》（1979 年 4 月 5 日），《十一届三中全会以来重要文献简编》，人民出版社 1983 年版，第 25—30 页。

③ 《邓小平文选》（第三卷），人民出版社 1993 年版，第 10—11 页。

④ 陈云：《在中央工作会议东北组的发言》（1978 年 12 月 10 日），《陈云文选》（第三卷），人民出版社 1995 年版，第 236 页。

⑤ 陈云：《在中共中央政治局会议上的发言》（1979 年 3 月 21 日），《三中全会以来重要文献选编》（上），人民出版社 1982 年版，第 74—75 页。

⑥ 李先念：《在中央工作会议上的讲话》（1979 年 4 月 5 日），李先念：《在中央工作会议上的讲话》（1979 年 4 月 5 日），《十一届三中全会以来重要文献简编》，人民出版社 1983 年版，第 28—29 页。

⑦ 《十一届三中全会以来重要文献简编》，人民出版社 1983 年版，第 29 页。

真正过关。我们钢铁工业的劳动生产率只有国外先进水平的几十分之一。新兴工业的差距就更大了"①。20 世纪后期，西方开始主导"全球化"，经济、科学技术和社会管理等快速发展，在发展中一些国家和地区出现了道德等传统的秩序失灵的问题，社会亟需具有普遍性的法律来进行调节，这就是社会法律化趋势，如法国学者达维德所说："这是一种以法为手段来组织和改革社会的新趋势，法已不再被看作单纯的解决纠纷的手段，而逐渐被公民和法学家们视为可用于创造新型社会的工具"②，这也为我国重建法律制度提供了示范。

因此，党的十一届三中全会提出："现在就应当适应国内外形势的发展，把全党工作的着重点和全国人民的注意力转移到社会主义现代化建设上来"，认真地逐步地解决"国民经济中⋯⋯一些重大的比例失调状况没有完全改变过来，生产、建设、流通、分配中的一些混乱现象没有完全消除，城乡人民生活中多年积累下来的一系列问题"，"我们能否实现新时期的总任务，能否加快社会主义现代化建设，并在生产迅速发展的基础上显著地改善人民生活，加强国防，这是全国人民最为关心的大事"③。在当时的背景下，法律以其权威性、规则性、程序性的内在特征以及公平、正义、效率等价值，恰好可以满足党和人民对于"规则"的迫切诉求，重建法律制度成为社会共识。但是，自发形成新的法律制度需要一个较长时期，当时的中国并不具备这样的条件，而且中国已经形成了高度集中的政治和经济体制，个人或者社会团体要以一己之力进行制度创新，是需要付出巨大的成本和代价的，实践中几乎不可能实现，也就是说不

---

① 《邓小平文选》（第二卷），人民出版社 1994 年版，第 86、90 页。

② ［法］勒内·达维德：《当代主要法律体系》，漆竹生译，上海译文出版社 1984 年版，第 378 页。

③ 《中国共产党第十一届中央委员会第三次全体会议公报》，《三中全会以来重要文献选编》（上），人民出版社 1982 年版，第 4、6 页。

可能任由法制在社会生活中自发形成①，而只能采取自上而下推进的模式，即由国家通过立法建立法律制度，再由国家强制力来推行这些新的法律制度。因此，中国共产党领导人民进行的法制建设必须以立法为主导。

二、党的民主法制思想恢复并发展

"文革"以后，"两个凡是"提出，社会主义建设仍处于徘徊状态。1978 年 5 月，《光明日报》发表特别评论员文章《实践是检验真理的唯一标准》，引发了全国关于真理标准的大讨论，由此，关于法制的讨论也随之展开。1978 年 7 月 13 日，《人民日报》发表的社论《民主和法制》指出："加强社会主义法制，是打击敌人，保护人民，实现新时期总任务的重要保证，应当引起我们的高度重视。……在一定意义上，肃清'四人帮'的流毒和影响，就是肃清封建专制主义的流毒和影响。这是一场深刻的思想革命。没有这个思想革命，社会主义法制的民主原则，就不可能在人们的头脑中普遍地、牢固地树立起来"②。1978 年 11 月 13 日，《人民日报》发表的社论《严守党纪国法》指出："如果我们……不大力加强社会主义法制，就不可能制止违法乱纪的行为"③。1978 年 12 月 6 日，《人民日报》介绍了中国社会科学院法学研究所加强社会主义法制座谈会的情况，会上"许多同志愤慨地指出：林彪、'四人帮'所以能够大搞封建法西斯专政，制造那么多冤案、假案，有多方面的原因，其中很重要的一个原因，是利用了我们多年来在社会主义民主和法制方面的缺陷和不足。因此，结合批判林彪、'四人帮'，认真总结我国法制建设中正反两个方面的经验，把社会主义民主和法制迅速健全和加

---

① 刘瀚、李林：《努力开创跨世纪法理学研究的新局面》，中国法理学研究会 1998 年依法治国理论与实践学术讨论会交流论文，第 4 页。

② 《民主和法制》，《人民日报》1978 年 7 月 13 日第 1 版。

③ 《严守党纪国法》，《人民日报》1978 年 11 月 13 日第 1 版。

强起来，实在是当务之急，是建设现代化社会主义强国的需要"①。同日，《人民日报》还发表了多篇署名文章，均提出加强法制建设②，由此开启了一场关于"人治"和"法治"问题的大讨论。"法治和人治的问题是许多国家现代化进程中必须要解决的一个问题，许多国家没有处理好这个问题，比如苏联，苏共二十大批判了斯大林的个人崇拜错误。再比如，南斯拉夫，曾经是社会主义国家发展得比较好的，社会主义建设模式独树一帜，党内民主和社会民主比较健全，经济发展比较快，改革开放之初我们曾派了不少代表团去学习他们的经验，但铁托去世后，独特的社会主义制度没了，国家也四分五裂"③。党的十一届三中全会之后，"人治"和"法治"的讨论继续进行④，1981 年 8 月 4 日，《人民日报》发表《法治和人治问题讨论情况》总结了法学界关于人治和法治问题的讨论情况，"一种观点是既要人治也要法治。……另一种观点认为，法治和人治不能互相结合，主张摒弃人治，实行法治。……还有一种观点认为，'法治'和'人治'这两个概念都不科学，主张跳出法治、人治的圈子"。总的来说，这场讨论基本达成"要法治，不要人治"的基本共识，厘清了人们关于法的定义、阶级性和社会性等基本问题的

---

① 《解放思想，用科学结论打破"禁区"——法学研究所座谈法制问题》，《人民日报》1978 年 12 月 6 日第 3 版。

② 李步云：《坚持公民在法律上一律平等》；乔木青：《加强法制保障公民权利》；金默生：《加强法制的几点建议》；王家福、陈明侠：《必须搞好经济立法和经济司法》，《人民日报》1978 年 12 月 6 日第 3 版。

③ 汪文庆：《法治是中国共产党的必然抉择——访中共中央党史研究室主任曲青山》，《中共党史研究》2014 年第 12 期。

④ 乔伟：《独立审判，只服从法律》，《人民日报》1979 年 1 月 5 日第 3 版；王礼明：《人治和法治》，《人民日报》1979 年 1 月 26 日第 3 版；《社会主义法制是人民民主的保障》，《人民日报》1979 年 4 月 3 日第 3 版；《加强法制 发扬民主 促进四化》，《人民日报》1979 年 7 月 5 日第 1 版；《关于人治与法治问题的讨论》，《人民日报》1980 年 1 月 18 日第 5 版；吴大英、刘瀚：《正确认识人治与法治的问题》，《人民日报》1980 年 3 月 21 日第 5 版；刘瀚：《健全法制是发展民主的保障》，《人民日报》1981 年 4 月 3 日第 5 版；谢次昌：《人治和法治问题讨论情况》，《人民日报》1981 年 8 月 24 日第 5 版。

看法，虽然这场讨论集中在法学界，但是其政治意义却不容忽视，即这是对法律虚无主义的深刻反思。

与此同时，中国共产党领导人已经开始反思十年"文革"对国家各方面造成严重破坏的原因，那就是民主和法制的缺失。"文革"前，党内也曾重视民主，如 1956 年 12 月《人民日报》发表的《再论无产阶级专政的历史经验》中指出："斯大林的个人专断的工作方法，曾经在一定程度上损害了苏联党的生活中和国家制度中的民主集中原则，破坏了一部分社会主义法制"，原因在于"他在一定范围内和一定程度上脱离了群众和集体，破坏了党和国家的民主集中制"①。1957 年毛泽东提倡营造一个"又有集中又有民主，又有纪律又有自由、又有统一意志、又有个人心情舒畅、生动活泼，那样一种政治局面"②，但"文革"使得民主和法制受到极大破坏。"文革"后，1978 年 12 月 13 日，邓小平在中央工作会议闭幕会上做的《解放思想，实事求是，团结一致向前看》的讲话中指出："因为民主集中制受到破坏，党内确实存在权力过分集中的官僚主义。……许多重大问题往往是一两个人说了算，别人只能奉命行事"，"要真正实行无产阶级的民主集中制"，"当前这个时期，特别需要强调民主。因为在过去一个相当长的时间内，民主集中制没有真正实行，离开民主讲集中，民主太少"。1978 年 12 月 13 日，他在中央工作会议闭幕会上指出："为了保障人民民主，必须加强法制。必须使民主制度化、法律化，使这种制度和法律不因领导人的改变而改变，不因领导人的看法和注意力的改变而改变"③，这些思想在 1978 年 12 月 22 日党的十一届三中全会会议公报中再次明确④。

---

① 《再论无产阶级专政的历史经验》，《人民日报》1956 年 12 月 29 日第 1 版。

② 《毛泽东文集》（第八卷），人民出版社 1999 年版，第 296—297 页。

③ 《三中全会以来重要文献选编》（上），人民出版社 1982 年版，第 21、23、25—26 页。

④ 《中国共产党第十一届中央委员会第三次全体会议公报》，《三中全会以来重要文献选编》（上），人民出版社 1982 年版，第 10—11 页。

党的十一届三中全会之后，党对民主和法制的思想认识的进一步发展，集中体现在邓小平的法律思想上：

一是强调社会主义民主必须法制化。邓小平曾指出："旧中国留给我们的，封建专制传统比较多，民主法制传统很少。解放以后，我们也没有自觉地、系统地建立保障人民民主权利的各项制度，法制很不完备，也很不受重视，特权现象有时受到限制、批评和打击，有时又重新滋长"①；"往往把领导人说的话当做'法'，不赞成领导人说的话就叫做'违法'，领导人的话改变了，'法'也就跟着改变"②；"革命队伍的家长制作风，除了使个人权力高度集中以外，还使个人凌驾于组织之上，组织成为个人的工具"③；"我有一个观点，如果一个党、一个国家把希望寄托在一两个人的威望上，并不很健康，那样，只要这个人一有变动，就会出现不稳定"④。1981年《关于建国以来党的若干历史问题的决议》中也明确指出："我们没有能把党内民主和国家政治生活的民主加以制度化、法律化，或者虽然制定了法律，却没有应有的权威。这就提供了一种条件，使党的权力过分集中于个人，党内个人专断和个人崇拜现象滋长起来，也就使党和国家难于防止和制止'文化大革命'的发动和发展"⑤。邓小平再次指出："现在我们要认真建立社会主义的民主制度和社会主义法制。只有这样，才能解决问题"⑥；"我们过去发生的各种错误，固然与某些领导人的思想、作风有关。但是组织制度、工作制度方面的问题更重要"⑦；"从党和国家的领导制度、干部制度方面来说，主要的弊端就是官僚主义现象，权力过分集中的现象，家长

---

① 《邓小平文选》（第二卷），人民出版社1994年版，第332页。
② 《邓小平文选》（第二卷），人民出版社1994年版，第146页。
③ 《邓小平文选》（第二卷），人民出版社1994年版，第329页。
④ 《邓小平文选》（第三卷），人民出版社1993年版，第272页。
⑤ 《关于建国以来党的若干历史问题的决议》（注释本），人民出版社1983年版，第39页。
⑥ 《邓小平文选》（第二卷），人民出版社1994年版，第348页。
⑦ 《邓小平文选》（第二卷），人民出版社1994年版，第333页。

制现象，干部领导职务终身制现象和形形色色的特权现象"①，"权力不宜过分集中。权力过分集中，妨碍社会主义民主制度和党的民主集中制的实行，妨碍社会主义建设的发展，妨碍集体智慧的发挥，容易造成个人专断，破坏集体领导"②。可以看出，邓小平认为制度问题带有根本性、全局性、稳定性和长期性，社会主义民主如果不通过法制加以制度化，过去出现过的一些严重问题今后就有可能重新出现③。

二是强调党要在宪法和法律范围内活动。1979 年 9 月 9 日《中共中央关于坚决保证刑法、刑事诉讼法切实实施的指示》中强调："在我们的党内，由于建国以后对建立和健全社会主义法制长期没有重视，否定法律、轻视法律；以党代政、以言代法、有法不依，在很多同志身上已经成为习惯；认为法律可有可无，法律束手束脚，政策就是法律，有了政策可以不要法律等思想，在党员干部中相当流行"，"各级党委要坚决改变过去那种以党代政、以言代法、不按法律规定办事，包揽司法行政事务的习惯的做法"。1980 年 12 月，邓小平在中央工作会议上指出："全党同志和全体干部都要按照宪法、法律、法令办事"④，"对一切无纪律、无政府、违反法制的现象，都必须坚决反对和纠正"⑤。1982 年 12 月 4 日通过的《宪法》规定："一切国家机关和武装力量、各政党和各社会团体、各企事业单位组织都必须遵守宪法和法律"，"任何组织和个人都不得有超越宪法和法律的特权"。1982 年党的十二大将党必须在宪法和法律的范围内活动写入党章。1984 年彭真指出："建国以后，我们有了全国性的政权，情况不同了，不讲法制怎么行？要从依靠政策办事，

---

① 《邓小平文选》（第二卷），人民出版社 1994 年版，第 327 页。
② 《邓小平文选》（第二卷），人民出版社 1994 年版，第 321 页。
③ 《邓小平文选》（第二卷），人民出版社 1994 年版，第 333 页。
④ 《邓小平文选》（第二卷），人民出版社 1994 年版，第 253 页。
⑤ 《邓小平文选》（第二卷），人民出版社 1994 年版，第 360 页。

逐步过渡到不仅靠政策，还要建立、健全法制，依法办事"①，"党的政策要经过国家的形式而成为国家的政策，并且要把在实践中证明是正确的政策用法律的形式固定下来。党领导人民制定宪法和法律，党也领导人民遵守、执行宪法和法律"②。1987 年党的十三大报告曾提出："长期形成的党政不分、以党代政问题还没有从根本上解决"，要"实行党政分开"，"使党的主张经过法定程序变成国家意志"，党组织"现在管理的行政事务应转由政府有关部门管理"，"必须加强行政立法，为行政活动提供基本的规范和程序"③。1989 年 6 月 21 日彭真再次指出："在我们的国家，党领导人民制定宪法和法律，党也领导人民遵守宪法和法律，党自己也必须在宪法和法律的范围内活动，必须积极贯彻执行宪法和法律，通过民主和法制的轨道解决问题。管理国家，靠人治还是靠法制？一定要靠法制。宪法是这么规定的，党章也是这么规定的。这是总结建国以来几十年正反两方面的经验教训得出的结论"④。

三是强调"法制"和"建设"两手抓。邓小平民主法制理论有一个十分鲜明的特征：从建设中国特色社会主义的战略高度来思考民主和法制问题，把民主法制建设放在什么是社会主义、如何建设社会主义的总体框架之内思考，强调"我们要在大幅度提高社会生产力的同时，改革和完善社会主义的经济制度和政治制度，发展高度的社会主义民主和完备的社会主义法制"⑤。1979 年 6 月 28 日，邓小平指出："民主和法制，这两个方面都应该加强，过去我们都不足。要加强民主就要加强法制。没有广泛的民主是不行的，没有健全的法制也是不行的。民主要坚持下去，法制要坚持下去。这好像

① 《彭真文选》，人民出版社 1991 年版，第 189 页。
② 《彭真文选》，人民出版社 1991 年版，第 493 页。
③ 《中国共产党第十三次全国代表大会文件汇编》，人民出版社 1987 年版，第 43—46 页。
④ 《彭真文选》，人民出版社 1991 年版，第 663—664 页。
⑤ 《邓小平文选》（第二卷），人民出版社 1994 年版，第 208 页。

两只手，任何一只手削弱都不行"①。1979 年 10 月 31 日，邓小平又指出："我们的国家已经进入社会主义现代化建设的新时期。我们要在大幅度提高社会生产力的同时，改革和完善社会主义的经济制度和政治制度，发展高度的社会主义民主和完备的社会主义法制"②。1980 年 12 月邓小平再次强调："社会主义民主和社会主义法制是不可分的。不要社会主义法制的民主，不要党的领导的民主，不要纪律和秩序的民主，决不是社会主义民主"③。1986 年 1 月 17 日，邓小平提出，"搞四个现代化一定要两手，只有一手是不行的。所谓两手，即一手抓建设，一手抓法制"④。

三、标志：法制十六字方针以"有法可依"为主

1978 年 12 月 13 日，邓小平在《解放思想，实事求是，团结一致向前看》的讲话中就如何加强社会主义法制建设，提出要："做到有法可依，有法必依，执法必严，违法必究"⑤，之后召开的党的十一届三中全会明确提出了："为了保障人民民主，必须加强社会主义法制，使民主制度化、法律化，这种制度和法律具有稳定性、连续性和极大的权威，做到有法可依、有法必依、执法必严、违法必究"⑥。"有法可依、有法必依、执法必严、违法必究"，是对党"有法可依，有法必依"⑦法制建设方针的进一步发展，"它们分别揭示了我国法制建设的根本前提、可靠基础、重要条件和有力保障。这就构成了一个确保九亿人民意志得以贯彻实施的严整的法制建设的

---

① 《邓小平文选》（第二卷），人民出版社 1994 年版，第 189 页。
② 《邓小平文选》（第二卷），人民出版社 1994 年版，第 208 页。
③ 《邓小平文选》（第二卷），人民出版社 1994 年版，第 359—360 页。
④ 《邓小平文选》（第三卷），人民出版社 1993 年版，第 154 页。
⑤ 《邓小平文选》（第二卷），人民出版社 1994 年版，第 146 页。
⑥ 《三中全会以来重要文献选编》（上），人民出版社 1982 年版，第 11 页。
⑦ 董必武：《进一步加强人民民主法制，保障社会主义建设事业》（1956 年 9 月 19 日），《董必武选集》，人民出版社 1985 年版，第 418—419 页。

指导方针"①。建国三十年来正反两个方面的经验告诉我们："无法可依，有法不依，就会乱国；有法可依，有法必依，才能治国"②。

法制十六字方针是一个整体，在法制建设进程中需要同步协调推进，但是在当时的历史条件下，首先要解决的是"有法可依"的问题。1978年12月13日，邓小平在中央工作会议闭幕会上指出："现在的问题是法律很不完备，很多法律还没有制定出来……所以，应当集中力量制定刑法、民法、诉讼法和其他各种必要的法律，例如工厂法、人民公社法、森林法、草原法、环境保护法、劳动法、外国人投资法等等，经过一定的民主程序讨论通过，并且加强检察机关和司法机关，做到有法可依，有法必依，执法必严，违法必究。国家和企业、企业和企业、企业和个人等等之间的关系，也要用法律的形式来确定；他们之间的矛盾，也有不少要通过法律来解决。现在立法的工作量很大，人力很不够，因此法律条文可以粗一点，逐步完善。有的法规地方可以先试搞，然后经过总结提高，制定全国通行的法律。修改补充法律，成熟一条就修改一条，不要等待'成套设备'。总之，有比没有好，快搞比慢搞好。此外，我们还要大力加强对国际法的研究"③。叶剑英在这次会议上也指出："全国人民代表大会常务委员会要立即着手修改制订民法、诉讼法、刑法、婚姻法和各种经济法等等，尽快完善我们的法制"④。之后，党的十一届三中全会会议公报中再次强调："从现在起，应当把立法工作摆到全国人民代表大会及其常务委员会的重要议程上来"⑤。

在加快立法，着力实现"有法可依"的同时，党也根据立法情况着力推进"有法必依、执法必严、违法必究"。"全党同志和全体

① 杨森：《试论我国法制建设的指导方针》，《复印报刊资料（法律）》1980年第9期。
② 《社会主义法制是人民民主的保障》，《人民日报》1979年4月3日第3版。
③ 《邓小平文选》（第二卷），人民出版社1994年版，第146页。
④ 叶向真：《叶剑英中央工作会议讲话起草记》，《财经》2008年第26期。
⑤ 《三中全会以来重要文献选编》（上），人民出版社1982年版，第11页。

干部都要按照宪法、法律、法令办事"，"严格执行法律，维护法律的权威和尊严，保证法律实施"，"我们要学会使用和用好法律武器"①，"对一切无纪律、无政府、违反法制的现象，都必须坚决反对和纠正"②，"任何人都不允许干扰法律的实施，任何犯了法的人都不能逍遥法外"③，"要讲法制，真正使人人懂得法律，使越来越多的人不仅不犯法，而且能积极维护法律。现在我们严肃处理这样一批人，不但对绝大多数犯罪分子是一种教育，对全党、全国人民也是一种教育"④；"加强检察机关和司法机关"⑤；"法制观念与人们的文化素质有关。现在这么多青年人犯罪，无法无天，没有顾忌，一个原因是文化素质太低。所以，加强法制重要的是要进行教育，根本问题是教育人。法制教育要从娃娃开始，小学、中学都要进行这个教育，社会上也要进行这个教育"⑥；"一般资本主义国家考法官、考警察，条件很严格，我们更应该严格，除了必须通晓各项法律、政策、条例、程序、案例和有关的社会知识以外，特别要求大公无私、作风正派"⑦。

第二节　立法方向和重点

1978 年党的十一届三中全会之后，中国共产党领导的新时期法制建设实践，重点是：一方面重新制定宪法、刑事法律、行政法等，保障安定团结，满足人民安定的渴求；另一方面初建经济法律制度来发展国民经济，提高人民生活水平，并向世界彰显对外开放的

---

① 《邓小平文选》（第二卷），人民出版社 1994 年版，第 253 页。
② 《邓小平文选》（第二卷），人民出版社 1994 年版，第 360 页。
③ 《邓小平文选》（第二卷），人民出版社 1994 年版，第 332 页。
④ 《邓小平文选》（第二卷），人民出版社 1994 年版，第 254 页。
⑤ 《邓小平文选》（第二卷），人民出版社 1994 年版，第 146 页。
⑥ 《邓小平文选》（第三卷），人民出版社 1993 年版，第 163 页。
⑦ 《邓小平文选》（第二卷），人民出版社 1994 年版，第 286 页。

决心。

一、重订宪法、刑法等国家大法以保障安定

1978 年 12 月 13 日，邓小平在中央工作会议闭幕会上明确指出："现在的问题是法律很不完备，很多法律还没有制定出来……所以，应该集中力量制定刑法、民法、诉讼法和其他各种必要的法律……现在立法的工作量很大，人力很不够，因此法律条文可以粗一点，逐步完善。有的法规地方可以先试搞，然后经过总结提高，制定全国通行的法律。修改补充法律，成熟一条就修改补充一条，不要等待'成套设备'。总之，有比没有好，快搞比慢搞好"①。叶剑英在会上也指出："全国人民代表大会常务委员会要立即着手修改制订民法、诉讼法、刑法、婚姻法和各种经济法等等，尽快完善我们的法制"②。随后党的十一届三中全会强调："从现在起，应当把立法工作摆到全国人民代表大会及其常务委员会的重要议程上来"。此后，中国法制建设进入了新的历史时期。1979 年五届全国人大第二次会议通过了《刑法》《刑事诉讼法》《全国人民代表大会和地方各级人民代表大会选举法》《地方各级人民代表大会和地方人民政府组织法》《人民法院组织法》《人民检察院组织法》和《中外合资经营企业法》等七部法律。"在一次会议上通过这样多的重要法律，这在我国社会主义立法史还是第一次"③。邓小平指出："我们好多年实际上没有法，没有可遵循的东西。这次全国大会制定了七个法律……这是建立安定团结政治局面的必要保障。这次会议以后，要接着制定一系列的法律。我们的法律太少了，成百个法律总要有的……现在只是开端"④。叶剑英在会议闭幕词中指出："这次会议在加强社会主义民主和健全社会主义法制方面，取得了重要的成果"，"这次会议之后，人大常委会……还将抓紧民法、民事诉讼法、婚姻法、

---

① 《邓小平文选》（第二卷），人民出版社 1994 年版，第 146 页。
② 叶向真：《叶剑英中央工作会议讲话起草记》，《财经》2008 年第 26 期。
③ 吴大英、刘瀚：《中国社会主义立法问题》，群众出版社 1984 年版，第 64 页。
④ 《邓小平文选》（第二卷），人民出版社 1994 年版，第 189 页。

计划生育法以及工厂法、劳动法、合同法、能源法、环境保护法等各项法律的制订工作"①。会议开幕当天《人民日报》发表社论《同心同德　共商四化大计》对即将通过的法律翘首以待："这是加强社会主义民主和社会主义法制的一件大事，是全国人民盼望很久的事。它对巩固我国由全体劳动人民当家做主的社会主义国家制度，保障社会主义现代化建设的顺利进行，将作出重大贡献"②。

以组织法、选举法重建国家体制机制，开启民主之路。7 月 3 日，《人民日报》发表社论《脚踏实地　奋勇前进》，指出会议通过的《地方各级人民代表大会和地方各级人民政府组织法》《全国人民代表大会和地方各级人民代表大会选举法》"规定在县和县级以上的地方各级人民代表大会设立常务委员会，规定将县一级的人民代表大会代表改为由选民直接选举。这些都是健全人民代表大会制度，保障人民管理国家权利的重要措施。……全国人民所希望的民主制度化、法律化正在实现。这种受到法制保护的政治上的民主化，必将有力地促进经济上的现代化"③。1982 年五届全国人大第五次会议通过了《全国人民代表大会组织法》《国务院组织法》。1986 年修改后的《地方各级人民代表大会和地方各级人民政府组织法》将地方性法规的制定权扩大到省、自治区的人民政府所在地的市和经国务院批准的较大市的人民代表大会。1987 年六届全国人大第五次会议通过《村民委员会组织条例（草案）》。1987 年 11 月 24 日施行的《村民委员会组织法（试行）》也具有特别的意义，因为之前农村的村干部由上级直接任命，普通农民并无选举权，这部法律保障了农村村民实行自治，开启了基层民主选举、民主决策、民主监督的创举。

修订宪法，"用宪法条文的形式把我们的国体、政体和在国家生

---

① 《叶剑英委员长的闭幕词》，《人民日报》1979 年 7 月 2 日第 1 版。
② 《同心同德 共商四化大计》，《人民日报》1979 年 6 月 18 日第 1 版。
③ 《脚踏实地 奋勇前进》，《人民日报》1979 年 7 月 3 日第 1 版。

活、社会生活各方面由人民当家做主的原则固定下来"①。为适应社会主义现代化建设需要，1980年9月10日五届全国人大第三次会议决定成立宪法修改委员会，主持修改1978年宪法。1982年2月宪法修改委员会提出《中华人民共和国宪法修改草案》讨论稿，并于1982年12月颁布了新的《中华人民共和国宪法》，这部宪法继承和发展了1954年宪法和1978年宪法的许多好的成果，确认了党的十一届三中全会后民主法制建设的成果，为此后的经济体制改革和政治体制改革指明了方向，正如彭真在《关于中华人民共和国宪法修改草案的报告》中指出："本宪法以法律的形式确认了中国各族人民奋斗的成果，规定了国家的根本制度和根本任务，是国家的根本法，具有最高的法律效力。它将成为我国新的历史时期治国安邦的总章程"②，"现行宪法的颁布实施，标志着我国的社会主义法制建设进入了一个新的阶段"③。叶剑英也指出："新宪法是建国以来最好的一部宪法。……新宪法的公布和实施，一定会把我国社会主义民主和法制的建设，把我国的现代化建设，推向一个新的阶段"④。1982年11月《人民日报》发表社论《齐心协力开创新局面——祝五届人大和五届政协第五次会议开幕》："新宪法得到通过，付诸实施，我国的社会主义民主和社会主义法制会有进一步的发展，国家的长治久安从法律上得到保证"⑤。同年12月11日《人民日报》发表社论《最有力量的保证——写在五届人大五次会议闭幕时》："新宪法是全国各族人民经过数十年奋斗得来的宪法，是充分体现了工人、农民、知识分子和各界爱国人士心愿和意志的宪法。现在，人们最关

---

① 张尚：《社会主义民主和法制的新发展》，《人民日报》1982年5月11日第5版。
② 《齐心协力开创新书面——祝五届人大和五届政协第五次会议开幕》，《人民日报》1982年12月6日第1版。
③ 《彭真文选》，人民出版社1991年版，第488页。
④ 《在五届人大五次会议闭幕会上叶剑英委员长的讲话》，《人民日报》1982年12月11日第1版。
⑤ 《人民日报》1982年11月26日第1版。

心的是，怎样保证宪法的实施"①。1982 年 12 月 7 日《人民日报》发表了署名文章《由"人治"到"法治"》："新宪法是长治久安的根本。它在自身的不断完善中发展，它的实施将进一步开阔社会主义民主的发展进程。……它将标志着由'人治'到'法治'的真正转变"②。

制定刑事法律保障安定团结。"可以回忆一下当年上海的'控江路事件'，北京的'北海公园事件'，广东的'滨江路事件'等。那个时候，犯罪分子在光天化日之下杀人、强奸，闹得乌烟瘴气，人心不安，女同志上下班都要有人接送，社会秩序乱得很啊"③。1979年 6 月 26 日，彭真在《关于七个法律草案的说明》的报告中指出：刑法的"任务是用刑罚同一切反革命和其他刑事犯罪行为作斗争，以利于保护人民和国家的利益，巩固和发展安定团结、生动活泼的政治局面，保证社会主义现代化建设的顺利进行"④。1979 年 11 月他在全国城市治安会议上说："我们要很好地运用法律武器，同破坏社会治安、危害社会秩序的违法犯罪活动进行斗争"⑤，"公、检、法当前的中心工作，就是要从法制方面巩固和发展安定团结、生动活泼的政治局面，保障社会主义以现代化建设的顺利进行"⑥。1980 年 1 月 16 日，邓小平指出："现在刑法和刑事诉讼法都通过和公布了，开始实行了。全国人民都看到了严格实行社会主义法制的希望。这不是一件小事"⑦。1982 年 1 月 13 日，《中共中央关于加强政法工作的指示》中指出："建国以来一直没有制订的《刑法》《刑事诉讼法》，加强了司法、检察和公安机关的工作。但是，应当清醒地看

---

① 《最有力量的保证——写在五届人大五次会议闭幕时》，《人民日报》1982 年 12 月 11 日第 3 版。

② 冯并：《由"人治"到"法治"》，《人民日报》1982 年 12 月 7 日第 8 版。

③ 《彭真文选》，人民出版社 1991 年版，第 509—510 页。

④ 《彭真文选》，人民出版社 1991 年版，第 375 页。

⑤ 彭真：《论新中国的政法工作》，中央文献出版社 1992 年版，第 249 页。

⑥ 彭真：《论新中国的政法工作》，中央文献出版社 1992 年版，第 171 页。

⑦ 《邓小平文选》（第二卷），人民出版社 1994 年版，第 243 页。

到，治安问题还很多，有的地方时有反复，情况还相当严重，总的说还没有根本好转"①。邓小平指出："法制完备起来，司法工作完善起来，可以在很大程度上保障整个社会有秩序地前进。但是法制要在执行中间逐步完备起来，不能等。现在这样一大批犯罪分子不严肃处理，那还说什么法制？对于各种破坏安定团结的人，都要分别情况，严肃对待"②。1983 年 7 月 19 日，他再次指出："刑事案件、恶性案件大幅度增加，这种情况很不得人心。几年了，这股风不但没有压下去，反而发展了。现在是非常状态，必须依法从重从快集中打击，严才能治住"③。1983 年 8 月 25 日，中共中央发出关于严厉打击刑事犯罪活动的决定，提出严厉打击刑事犯罪活动"对于搞好社会治安，推动社会风气的根本好转，巩固和发展安定团结的政治局面，保障社会主义建设的顺利进行，都有极其重大的意义。不经过这场重大的斗争，社会治安不可能搞好，社会风气的根本好转不可能实现，社会主义建设也不可能顺利进行。同时，也只有这样，才能使我们在实行对外开放、对内搞活经济政策。……使我们的国家保持良好的社会风气"④。1983 年 8 月"中央下了决心以后，经过一年多来依法从重从快打击，情况大变，社会秩序明显好转，人民有了安全感，广大群众拍手叫好，人心大快"⑤。在司法体制方面，党的十一届三中全会提出，检察和司法机关要保持应有的独立性。1978 年，根据宪法规定，国家重新设置了人民检察院。1979 年 7 月 1 日，《人民法院组织法》规定各级法院的人员编制、办公机构等司法行政事务由司法行政机关管理。1979 年的《关于坚决保证刑法、刑事诉讼法切实实施的指示》中明确，要保证司法机关独立行使职权，同时还宣布取消了党委审批案件制度，这是党的历史上第

---

① 《三中全会以来重要文献选编》（下），人民出版社 1982 年版，第 1094—1095 页。

② 《邓小平文选》（第二卷），人民出版社 1994 年版，第 244—245 页。

③ 《邓小平文选》（第三卷），人民出版社 1993 年版，第 33—34 页。

④ 《十二大以来重要文献选编》（上），人民出版社 1986 年版，第 385—386 页。

⑤ 《彭真文选》，人民出版社 1991 年版，第 509—510 页。

一次确立了党对司法工作领导的基本原则与工作机制，即党对司法机关是思想上和组织上的领导，不干预具体案件的审判，维护司法机关独立行使职权。"为了保证法制的执行，我们要进一步加强司法战线。我们的法院和检察机关应当绝对地忠实于国家的法律和制度，忠实于事实真相，独立地进行审判工作和检察工作。我们必须调集足够数量的优秀干部充实司法部门"①。1982 年宪法明确了人民法院是我国的法律审判机关，人民检察院是我国的法律监督机关，人民法院、人民检察院依照法律规定分别独立行使审判权、检察权，不受一切机关、团体和个人的干涉。还恢复了公检法三机关相互配合、相互制约的工作原则②。党的十三大之后，中国司法改革也逐步启动，重点是对法院审判方式的改革。1988 年 7 月第十四次全国法院工作会议提出，法院工作要"以改革总揽全局"，进行法院审判方式的改革，如公开审判、加强合议庭工作、强调当事人的举证责任等。

制定单行民事法律，保障人民日常民事活动法律需求。1981 年 5 月 27 日，彭真在民法座谈会上的讲话中指出："制定民法可以同制定单行法同时并进。民法不是短期间可以制定的。单行法比较容易搞些，比较灵活，错了也比较好改。民法就要比较慎重，制定不久就得改，那就不大好。先搞单行法，成熟了，再吸收到民法中来"③。之后，1981 年五届全国人大第四次会议原则批准了民事诉讼法草案。1982 年，中国还颁布了第一部《民事诉讼法（试行）》，从程序上保证民事实体法的实现。尽管 1980 年《婚姻法》、1985 年《继承法》等单行的法律已经出台，但当时仍然没有民事基本法。1986 年 3 月，六届全国人大第四次会议通过了《民法通则（草案）》，虽然是以大纲的形式出现，而不是人们所期望的《民法典》，但是还是很大程度上满足了百姓日常民事活动的法律需求。

---

① 《叶剑英委员长的闭幕词》，《人民日报》1979 年 7 月 2 日第 1 版。
② 《十二大以来重要文献选编》（上），人民出版社 1986 年版，第 249—250 页。
③ 《彭真文选》，人民出版社 1991 年版，第 421、424 页。

二、初建经济法律制度以发展国民经济

党的十一届三中全会后，党和国家工作重心转到社会主义现代化建设上，国民经济停滞、倒退的局面已经迅速扭转，为适应国民经济发展需要，必须加快经济立法。"经济越发展，利益分化以及社会结构的变迁程度就越深化，制度及其通过制度营造共识、提供秩序就显得重要"①。1978 年 12 月 13 日，邓小平在中央工作闭幕会上指出，要集中力量制定工厂法、劳动法、外国人投资法等经济法律，"国家和企业、企业和企业、企业和个人等等之间的关系，也要用法律形式来确定；它们之间的矛盾，也有不少要通过法律来解决"②。叶剑英在这次会议上也要求全国人民代表大会常务委员会要立即着手修改制定各种经济法等等③。1979 年五届全国人大第二次会议上，邓小平指出："经济方面的很多法律，比如工厂法等等，也要制定"④。彭真也指出："社会发展了，经济基础发展了，法要随着发展"⑤，"随着经济建设的发展，我们还要经过系统的调查研究，陆续制定各种经济法和其他法律，使社会主义法制逐步完备起来"⑥。

加快社会主义现代化建设，需要资本，但是经过"文革"动荡之后，国家缺乏资金和技术。1979 年 1 月 17 日，邓小平指出："现在经济建设的摊子铺得大了，感到知识不够，资金也不足。现在搞建设，门路要多一点，可以利用外国的资金和技术，华侨、华裔也可以回来办工厂。吸收外资可以采取补偿贸易的方法，也可以搞合营，先选择资金周转快的行业做起"⑦。"为了在平等互利的基础上，吸收外国投资，扩大国际经济合作和技术交流，决定与外资合营某

---

① 潘伟杰：《法治与现代国家成长》，法律出版社 2009 年版，第 134 页。
② 《邓小平文选》（第二卷），人民出版社 1994 年版，第 147 页。
③ 叶向真：《叶剑英中央工作会议讲话起草记》，《财经》2008 年第 26 期。
④ 《邓小平文选》（第二卷），人民出版社 1994 年版，第 189 页。
⑤ 彭真：《论新中国的政法工作》，中央文献出版社 1992 年版，第 295 页。
⑥ 彭真：《关于七个法律草案的说明》，《彭真文选》，人民出版社 1991 年版，第 244 页。
⑦ 《邓小平文选》（第二卷），人民出版社 1994 年版，第 147 页。

些双方认为有利的企业"①；"外资是两种，一种叫自由外汇，一种叫设备贷款。不管哪一种，我们都要利用，因为这个机会太难得了，这个条件不用太可惜。……利用外资是一个很大的政策，我认为应该坚持。至于用的办法，主要的方式是合营，某些方面采取补偿贸易的方式，包括外资设厂的方式，我们都采取"②；"实现四个现代化必须有一个正确的开放的对外政策。我们实现四个现代化，离开了国际的合作是不可能的。应该充分利用世界的先进的成果，包括利用世界上可能提供的资金，来加速四个现代化的建设"③。于是，1979 年 6 月 26 日五届全国人大第二次会议通过了《中外合资经营企业法》，这是中国的第一部涉外经济法，彰显了中国对外开放、开展国际合作的态度和决心，这部法律规定了外放合资经营者投资比例只有下限（不得低于 25%），但没有规定上限，这是在当时是很有气魄的举措，应该说，《中外合资经营企业法》的制定为我国提高外资利用水平，大量引进国外的先进技术和设备，促进中国经济现代化建设，发挥了重要作用。

1979 年 5 月的中央工作会议上"中央和国务院认真分析了我国经济建设的现状，认为党的工作重点转到社会主义现代化建设上来之后，必须在前两年经济恢复工作取得重大成就的基础上，集中三几年时间搞好整个国民经济的调整工作"④。1979 年 6 月的五届全国人大第二次会议上也讨论和决定国民经济的调整、改革、整顿、提高⑤。1980 年 8 月 26 日全国人大常委会的工作报告提出："随着四个现代化建设事业的发展，经济立法工作已越来越需要。……今后随着经济的调整和体制改革工作的进展，需要进一步加强经济立法

---

① 彭真：《关于七个法律草案的说明》，《人民日报》1979 年 7 月 1 日第 1 版。

② 《邓小平文选》（第二卷），人民出版社 1994 年版，第 198—199 页。

③ 《邓小平文选》（第二卷），人民出版社 1994 年版，第 232—233 页。

④ 李先念：《在中央工作会议上的讲话》，《三中全会以来重要文献选编》（上），人民出版社 1982 年版，第 109 页。

⑤ 《叶剑英委员长的开幕词》，《人民日报》1979 年 6 月 19 日第 1 版。

工作，特别是工厂法、合同法等，必须抓紧拟订"①。1980 年五届全国人大第三次会议通过了《合资经营企业所得税法》和《个人所得税法》，1981 年五届全国人大第四次会议通过了《经济合同法》和《外国企业所得税法》，这些法律有效保障了当事人利益，维护了市场交易秩序，促进了商品经济的发展。1982 年《商标法》和 1984 年《专利法》的颁布施行则是我国知识产权法建设的前奏曲。

打击经济犯罪，保障经济发展。党的十一届三中全会后，国家在加快经济建设的同时，社会上经济犯罪现象却明显增多，"近两三年来，走私贩私、贪污受贿、投机诈骗、盗窃国家和集体财产等严重犯罪活动有了明显的增加，在少数地区、少数人员中还相当猖獗"②，于是，1980 年国家逐步开展打击经济领域中严重犯罪活动。"一月，中央发出了《紧急通知》；二月，中央召开了广东、福建两省座谈会，批转了座谈会纪要；三月，全国人大常委会通过了《关于严惩严重破坏经济的罪犯的决定》"③。同时也通过法律修订，为打击经济犯罪提供法律依据。《关于严惩严重破坏经济的罪犯的决定》"对我国《刑法》的有关条款作了相应的补充和修改，这就使坚决打击严重破坏经济的犯罪活动、严惩这些犯罪分子有了更加有力的法律武器"④。之后，邓小平提出了著名的"两手论"，1982 年 4 月 10 日，他在中共中央政治局讨论《中共中央、国务院关于打击经济领域中严重犯罪活动的决定》的会议上的讲话中指出："现在是什么形势呢？我们自从实行对外开放和对内搞活经济两个方面的政策以来，不过一两年时间，就有相当多的干部被腐蚀了。卷进经济犯罪活动的人不是小量的，而是大量的。所以，现在刹这个风，一定要从快从严从重。……对有一些情节特别严重的犯罪分子，必须

---

① 《全国人民代表大会常务委员会工作报告（1980 年）》，中国人大网 www.npc.gov.cn。

② 《三中全会以来重要文献选编》（下），人民出版社 1982 年版，第 1241 页。

③ 《三中全会以来重要文献选编》（下），人民出版社 1982 年版，第 1242 页。

④ 《三中全会以来重要文献选编》（下），人民出版社 1982 年版，第 1247 页。

给以最严厉的法律制裁。……再讲一点，打击经济犯罪活动。……这是一个长期的经常的斗争。我看，至少是伴随到实现四个现代化那一天"，"打击经济犯罪活动的斗争，是我们坚持社会主义道路和实现四个现代化的一个保证。否则，社会主义道路怎么坚持呀？如果不搞这个斗争，四个现代化建设，对外开放和对内搞活经济的政策，就要失败。所以，我们要有两手，一手就是坚持对外开放和对内搞活经济的政策，一手就是坚决打击经济犯罪活动。没有打击经济犯罪活动这一手，不但对外开放政策肯定要失败，对内搞活经济的政策也肯定要失败。有了打击经济犯罪活动这一手，对外开放、对内搞活经济就可以沿着正确的方向走"①。1982 年 4 月 13 日，中共中央、国务院发出《关于打击经济领域中严重犯罪活动的决定》。1982 年 9 月 1 日邓小平在党的十二大开幕词中提出："今后一个长时期，至少是到本世纪末（20 世纪末）的近二十年内"要抓紧的四件工作之一就是"打击经济领域和其他领域内破坏社会主义的犯罪活动"②。司法方面，最高人民法院于 1979 年 9 月设立经济审判庭，各省、自治区、直辖市高级人民法院在 1979 年底至 1980 年也先后设立经济审判庭，到 1985 年各级人民法院普遍设立了经济审判庭。

1982 年 9 月 1 日党的十二大召开，这次大会标志着改革开放和经济建设的全面展开。邓小平在开幕词中正式提出"建设有中国特色的社会主义"③。1984 年党的十二届三中全会通过的《中共中央关于经济体制改革的决定》提出："必须按照把马克思主义基本原理同中国实际结合起来，建设有中国特色的社会主义的总要求，进一步贯彻执行对内搞活经济、对外实行开放的方针，加快以城市为重点的整个经济体制改革的步伐"，同时提出"经济体制的改革和国民经济的发展，使越来越多的经济关系和经济活动准则需要用法律形式

---

① 《邓小平文选》（第二卷），人民出版社 1993 年版，第 402—404 页。
② 《邓小平文选》（第三卷），人民出版社 1993 年版，第 3 页。
③ 《十二大以来重要文献选编》（上），人民出版社 1986 年版，第 1—4 页。

固定下来，国家立法机关要加快立法，法院要加强经济案件的审判工作，检察院要加强对经济犯罪行为的检察工作，司法部门要积极为经济建设提供法律服务"①。为搞活国营企业，1984 年 3 月 23 日，彭真就草拟国营工厂法指出："现在要正式制定国营工厂法，必须先把党委、厂长、工会的职责划分清楚，以便各司其事，各尽其责"；"国营工厂法不可能把企业外部存在的复杂关系和问题全部解决，但是必须解决，也应该能解决一部分，否则因为缺少外部条件，厂长负责制也无法实行"②。为了保障经济体制改革和对外开放工作的顺利进行，1985 年六届全国人大第三次会议授权国务院在经济体制改革和对外开放方面可以制定暂行的规定或者条例的决定③。1985 年出台《涉外经济合同法》，彭真指出要按照"意思自治"原则对草案进行修改④。1985 年，全国人大陈丕显副委员长在六届全国人大第三次会议上指出："为了保障社会主义现代化建设的顺利进行，全国人大和全国人大常委会把制定经济方面的法律作为立法工作的重点，先后制定了经济合同法、统计法。……并批准了国家建设征用土地条例。同时，为了适应对外开放的需要，有利于引进外国资本和技术，还制定了中外合资经营企业法、中外合资经营企业所得税法、外国企业所得税法、个人所得税法、商标法和专利法，并批准了广东省经济特区条例。……还需要进一步制定一批重要的经济法律和对外经济合作方面的法律，保障对外开放和经济体制改革的顺利进行"⑤。为调整平等主体间法律关系，进一步彰显中国对外开放政策的态度，1986 年六届全国人大第四次会议通过了《民法通则》

---

① 《十二大以来重要文献选编》（中），人民出版社 1988 年版，第 558、575 页。

② 《彭真文选》，人民出版社 1991 年版，第 497—502 页。

③ 《关于授权国务院在经济体制改革和对外开放方面可以制定暂行的规定或者条例的决定》，《人民日报》1985 年 4 月 11 日第 2 版。

④ 宋汝棼：《回忆彭真同志抓经济立法二三事》，《中国人大》2004 年第 4 期。

⑤ 陈丕显：《中华人民共和国第六届全国人民代表大会常务委员会报告》（1985 年），http://www.npc.gov.cn/wxzl/gongbao/2000-12/26/content_5001640.htm。

和《外资企业法》。此后 1987 年颁布《技术合同法》；1988 年七届全国人大第一次会议通过《全民所有制工业企业法》《中外合作经营企业法》和宪法修正案（在宪法中增加了"国家允许私营经济在法律规定的范围内存在和发展。私营经济是社会主义公有制的补充。国家保护私营经济的合法权利和利益，对私营经济实行引导、监督和管理，土地的使用权可以依照法律规定转让"的内容）；为配合经济开放，通过了《关于设立海南省的决定》《关于建立海南经济特区的决议》；1990 年颁布《著作权法》，1991 年七届全国人大第四次会议通过《外商投资企业和外国企业所得税法》，1992 年全国七届人大第五次会议通过《工会法》，等等。

除此之外，此阶段立法领域也其他方面的拓展，如为实现"一国两制"的具体化、制度化、法律化，制定了《香港特别行政区基本法》和《澳门特别行政区基本法》；为加强民族团结，制定了《民族区域自治法》；为保护自然环境，制定了《环境保护法》等环保法律；为促进科教事业发展，制定了《义务教育法》等法律。

第三节　该时期执政党法律观的特征

一、从以政治运动解决社会问题逐渐转向以法律制度解决社会问题

"文革"后，中国共产党恢复法制意味着对社会问题解决方式的变革：可将以往定性为"政治"的问题转化为法律问题而诉诸法律，因为当现有的社会资源和条件无法解决所有社会问题且不能再适宜用"革命"来解决时，法律则为解决问题提供了新的长效机制。邓小平曾经指出："纠正不正之风、打击犯罪活动属于法律范围的问题，要用法制来解决，由党直接管不合适。党要管党内纪律的问题，法律范围的问题应该有国家和政府管。党干预太多，不利于在全国

人民中树立法制观念"①，"实现民主和法制，同实现四个现代化一样，不能用大跃进的做法，不能用'大鸣大放'的做法。否则，只能助长动乱，只能妨碍四个现代化，也只能妨碍民主和法制"②。1984 年全国人大常委会工作报告中就指出："几十年来，我们从革命战争时期转入社会主义建设时期，从没有掌握全国政权时主要依靠政策办事，逐步过渡到掌握全国政权后，既要依靠政策，还要依靠健全社会主义法制管理国家这样的转变"③。恢复法制建设，一是可以实现社会秩序和政治状态的正常化、规则化；二是通过法律制度的资源配置功能，保障生产、发展经济；三是找到治国理政的正确方略。也就是说，在政治改革和稳定的两难选择中更倾向于以制度化和理性化的方式，而不是以意识形态和政治运动的方式，来化解影响政治稳定的社会政治因素，从而进一步改革创造机会，培育改革的政治环境，维持改革政策实施的继承性和连续性，这种选择表现得更为务实、审慎、理性，同时也更加开放、民主和自信④。但是需要指出的是，此时这种解决社会问题的转变才刚起步：

第一，立法数量不多。据统计，1983 年至 1992 年 10 年间，全国人大及其常委会共制定法律 81 部，修改 10 部，每年平均立法 9 部左右，因为当时立法也只能"摸着石头过河"，如："在外贸、投资、计划、商业等方面，我们都强调体制未定，不能急于立法，等这些方面的体制大致确定后再来立法"⑤。第二，立法程序也有待完善，比如，1979 年选举法由民政部负责起草，人民法院组织法、人民检察院组织法起草单位分别是最高人民法院和最高人民检察院，

①　《邓小平文选》（第二卷），人民出版社 1994 年版，第 342 页。

②　《邓小平文选》（第二卷），人民出版社 1994 年版，第 257 页。

③　陈丕显：《全国人民代表大会常务委员会工作报告》，《新华月报》1984 年第 5 期。

④　徐湘林：《中国政治改革政策的目标设定和策略选择》，《吉林大学学报》2004 年第 6 期。

⑤　袁建国：《改革需要依法操作》，《经济日报》1989 年 5 月 27 日第 5 版。

《中外合资经营企业法》草案由国家计委负责起草，但向大会作起草说明的都是彭真①。在审议程序方面，80年代经常是一部法律草案经过1次会议会审就可以通过，而在90年代基本上要经过2次会议才能通过，2000年后一般都要经过3审。

总的来说，法制建设在这个历史阶段还是取得了伟大成就。据统计，五届、六届、七届全国人大及其常委会先后制定了138部法律，其中，1982年制定了新宪法，对10部法律进行了修改，包括一系列有关国家机构的法律、民法通则和一系列单行民事法律、刑法、三大诉讼法以及一批经济方面、保障公民权利、涉外方面、行政管理方面的重要法律，为我国社会主义法制建设奠定了基础②。这个阶段的立法为中国社会提供了急需的规范和规则。

二、调控社会关系开始从政策指导向制定法律过渡

1979年9月9日《中共中央关于坚决保证刑法、刑事诉讼法切实实施的指示》中强调，刑法等七部法律通过后，"它们能否严格执行，是衡量我国是否实行社会主义法治的重要标志"，这是新中国成立以来，党和国家的重要文件中第一次使用"法治"的概念。法制的发展是以民主需求为内核的，民主政治体制建设是法制建设的强大动力，因为"过去一些重大决策，常常取决于领导人的看法和注意力，使我国过去有些年代中上层建筑的政治文化机器的运转，有时呈现某种随意性和不确定性"③，而法律的稳定性和程序性可以避免这种情况的发生。"中国要搞四个现代化建设，没有一个稳定的政治形势不行""没有安定的政治环境，没有稳定的社会秩序，什么事也干不成"④，"没有社会主义法制，就没有社会主义民主，而没有民主，就没有民主基础上的集中，就没有、至少是不能确实地保障

---

① 彭真：《关于七个法律草案的说明》，《人民日报》1979年7月1日第1版。
② 顾昂然：《回顾新中国法治建设的历程》，《中国人大》2004年第15期。
③ 郭道晖：《民主·法制·法律意识》，人民出版社1988年版，第35页。
④ 《邓小平文选》（第三卷），人民出版社1992年版，第207—331页。

安定团结、生动活泼的政治局面"①，也就是说党逐渐认识到法律可以将一些政策或经验稳定为制度，例如，二十世纪八十年代后期，关于法律草案的说明中大多使用诸如"把农村经济体制改革中中央肯定的行之有效的经验……用法律形式肯定下来"②、"把经济体制改革中成功经验用法律形式固定下来"③、"草案将分组会议、联组会议用法律形式肯定了下来，是很有必要的"④之类的用语，这是伟大的思想进步。

在调控社会关系方面，当时虽然有一些法律相继制定，但政策仍然发挥重要作用。1982 年五届全国人大常委会第二十二次会议通过的《全国人民代表大会常务委员会关于严惩严重破坏经济的犯罪的决定》中指出："本决定对国家和全体人民利益关系重大，所有国家机关、军队、企业、事业机构、农业社队、政党组织、人民团体、学校、报纸、电台和其他宣传单位，自本决定公布之日起，都有义务采取一切有效方法，对全体工作人员、指战员、职工、学生和城乡居民，反复进行通俗的宣传解释，做到家喻户晓，人人皆知"⑤。1983 年六届全国人大常委会第二次会议通过的《全国人民代表大会常务委员会关于严惩严重危害社会治安的犯罪分子的决定》和《全国人民代表大会常务委员会关于迅速审判严重危害社会治安的犯罪分子的程序的决定》中规定，一些重大犯罪可以不受《刑事诉讼法》第 110 条规定的关于起诉副本送达被告人的期限的限制，这些犯罪分子的上诉期限和检察院的抗诉期限，也由《刑事诉讼法》第

---

①　彭真：《论新中国的政法工作》，中央文献出版社 1992 年版，第 172 页。

②　项淳一：《全国人大法律委员会对〈中华人民共和渔业法（草案）〉审议结果的报告》，《全国人大常委会公报》1986 年第 1 期，第 14 页。

③　陈丕显：《全国人民代表大会常务委员会工作报告》，《全国人大常委会公报》1984 年第 4 期，第 54 页。

④　王汉斌：《关于〈中华人民共和国全国人民代表大会常务委员会议事规则（草案）的说明）》，《全国人大常委会公报》1987 年第 6 期，第 25 页。

⑤　彭真：《全国人民代表大会常务委员会关于严惩严重破坏经济的犯罪的决定》，《全国人大常务委员会公报》1982 年第 1 期，第 43 页。

131 条规定的十日改为三日①，并且规定"对于严重危害社会治安的犯罪分子，可以在刑法规定的最高刑以上处刑，直至判处死刑"②。对于这种现象，可以用 1985 年 2 月时任全国人大常委会委员长彭真说的一段话来解释："进行法制建设，还有一个从政策指导到制定法律的工作阶段的过渡。经验证明，凡是新的重大问题、重要改革，总要经过群众性的探索、试验，即社会实践检验的阶段。先用政策作指导，在探索、试验中，成功的，就坚持；不成功的或者不完全成功的，就修正，就是坚持真理，随时修正错误"③。

---

① 《全国人民代表大会常务委员会关于迅速审判严重危害社会治安的犯罪分子的程序的决定》，《全国人大常委会公报》1983 年第 4 期，第 13 页。

② 《全国人民代表大会常务委员会关于严惩严重危害社会治安的犯罪分子的决定》，《全国人大常委会公报》1983 年第 4 期，第 16 页。

③ 《论新时期的社会主义民主与法制建设》，中央文献出版社 1989 年版，第 271－272 页。

第四章　保障经济体制改革
——以立法为主导的法治建设的发展（1992—2001）

1992 年，党的十四大提出："我国经济体制改革的目标是建立社会主义市场经济体制，以利于进一步解放和发展生产力"。市场经济是平等主体之间自由竞争、自主发展的经济，要将原来封闭的环境逐渐改造为全国统一的市场，这样一方面必将打破传统计划经济体制下的格局，重新调整各种利益关系，这就需要法制来进行保障；另一方面，由于资金、商品和人员开始频繁流动，不能再依靠传统的伦理规则甚至是单纯的政策来进行规制和调整，必然要求规范的法律来进行调整。中国共产党的法律思想也由此实现从"法制"向"法治"的飞跃，提出要"依法治国，建设社会主义法治国家"。此阶段，法治建设的重点是：一方面通过健全经济法律制度以创造市场经济所需环境；另一方面通过完善行政法、刑法等规范公权力行使，保障经济体制改革顺利进行。

第一节　背景及标志

一、社会主义市场经济体制的建立

在经历了"十二大提出计划经济为主，市场调节为辅；十二届三中全会提出商品经济是社会经济发展不可逾越的阶段，我国社会主义经济是公有制基础上的有计划商品经济；十三大提出社会主义有计划商品经济的体制应该是计划与市场内在统一的体制；十三届四中全会后，提出建立适应有计划商品经济发展的计划经济与市场调节相结合的经济体制和运行机制"① 的从计划经济体制逐步向社会主义市场经济体制的转型之后，中国改革开放和现代化建设进入一个新阶段。从外部条件看，和平与发展成为世界两大主题，加快发展成为各国所追求的目标。"当前国际竞争的实质是以经济和科技实力为基础的综合国力较量。世界上许多国家特别是我们周边的一些国家和地区都在加快发展。如果我国经济发展慢了，社会主义制度的巩固和国家的长治久安都会遇到极大困难。所以，我国经济能不能加快发展，不仅是重大的经济问题，而且是重大的政治问题"②。因此，加快建立社会主义市场经济体制成为必然趋势。

1992 年初邓小平发表的"南方谈话"中回答了"什么是社会主义，怎样建设社会主义"这一重大问题，为当代中国改革开放和现代化建设指明了方向。他也对计划与市场的关系进行了精辟论断："改革开放迈不开步子，不敢闯，说来说去就是怕资本主义的东西多了，走了资本主义道路"，"计划多一点还是市场多一点，不是社会主义与资本主义的本质区别。计划经济不等于社会主义，资本主义也有计划；市场经济不等于资本主义，社会主义也有市场。计划和市场都是经济手段"③。"这个精辟论断，从根本上解除了把计划经济和市场经济看作属于社会基本制度范畴的思想束缚，使我们在计划与市场关系问题上的认识有了新的重大突破"④，这为建立社会主义市场经济体制扫清了思想障碍。

1992 年 10 月党的十四大提出："我国经济体制改革的目标是建立社会主义市场经济体制，以利于进一步解放和发展生产力"，并对

---

① 《江泽民同志在中国共产党第十四次全国代表大会上的报告》，《十四大以来重要文献选编》（上），人民出版社 1996 年版，第 17—19 页。
② 《江泽民同志在中国共产党第十四次全国代表大会上的报告》，《十四大以来重要文献选编》（上），人民出版社 1996 年版，第 16 页。
③ 《邓小平文选》（第三卷），人民出版社 1994 年版，第 372—373 页。
④ 《江泽民同志在中国共产党第十四次全国代表大会上的报告》，《十四大以来重要文献选编》（上），人民出版社 1996 年版，第 18 页。

社会主义市场经济体制的内涵进行了阐述，"就是要使市场在社会主义国家宏观调控下对资源配置起基础性作用，使经济活动遵循价值规律的要求，适应供求关系的变化；通过价格杠杆和竞争机制的功能，把资源配置到效益较好的环节中去，并给企业以压力和动力，实现优胜劣汰；运用市场对各种经济信号反应比较灵敏的优点，促进生产和需求的及时协调。同时也要看到市场有其自身的弱点和消极方面，必须加强和改善国家对经济的宏观调控。我们要大力发展全国的统一市场，进一步扩大市场的作用，并依据客观规律的要求，运用好经济政策、经济法规、计划指导和必要的行政管理，引导市场健康发展"[1]。之后，为贯彻落实党的十四大提出的经济体制改革的任务，1993 年 11 月党的十四届三中全会通过了《关于建立社会主义市场经济体制若干问题的决定》[2]，"把党的十四大提出的建立社会主义市场经济体制的目标和原则具体化、系统化，勾画了新经济体制的基本框架，对有关的重大问题，都做出了明确的原则性规定，既有比较完整的总体设想，又紧紧抓住当前改革和发展中的突出矛盾和问题重点突破，便于有计划、有步骤地实施，有很强的指导性"[3]。

同时，建立社会主义市场经济体制被写进党章，对于统一全党的思想和行动，加快建立社会主义市场经济体制，具有十分重要的意义。1992 年 10 月 18 日，党的十四大通过了关于《中国共产党章程》（修正案）的决议，新党章"强调从根本上改革束缚生产力发展的经济体制，建立社会主义市场经济体制，并进行政治体制改革和其他领域的改革，实行对内对外的全面开放"[4]。

---

① 《江泽民同志在中国共产党第十四次全国代表大会上的报告》，《十四大以来重要文献选编》（上），人民出版社 1996 年版，第 17—19 页。

② 《十四大以来重要文献选编》（上），人民出版社 1996 年版，第 519 页。

③ 《架设通向新世纪的宏伟大桥—热烈祝贺党的十四届三中全会胜利闭幕》，《人民日报》1993 年 11 月 15 日第 3 版。

④ 《十四大以来重要文献选编》（上），人民出版社 1996 年版，第 52 页。

随后，建立社会主义市场经济体制这一党的政策上升为国家意志，并以根本大法的形式确立下来，这为社会主义市场经济的建立提供了宪法依据。1992 年 10 月 28 日，万里在七届全国人大常委会党组会上的讲话中指出："十四大决定，以建立社会主义市场经济体制为我国经济体制改革的目标，并从理论上作了阐述。但现行宪法规定国家实行计划经济，这就必须加以修改，不改不行了。宪法应明确规定，国家实行社会主义市场经济。如果不这样修改，大家搞市场经济，岂不是违宪了？"[1]。1993 年 3 月 29 日，八届全国人大一次会议通过宪法修正案，除了把"中国正处于社会主义初级阶段""建设有中国特色社会主义理论"和"坚持改革开放"等内容载入了宪法外，其中第十五条把"国家在社会主义公有制基础上实行计划经济"修改为："国家实行社会主义市场经济"[2]。

市场经济是平等主体之间的自由竞争、自主发展的经济，市场和法治紧密相连，将原来封闭的市场环境逐渐改造为全国统一的市场，一方面必将打破传统计划经济体制下的格局，重新调整各种利益关系，这就需要法制来进行保障；另一方面，由于资金、商品和人员开始频繁流动，不能再仅仅依靠传统的伦理规则或是单纯的政策来进行规制和调整，必然要求规范的法律来进行调整。这使得执政党逐渐认识到，法律不仅应当作为事后保障，更应该作为事前的准则，这就产生了对立法新的需求。江泽民曾指出："法治是市场经济运行的依托，没有健全的社会主义法制，就没有社会主义市场经济的健康发展"[3]；"要加快新经济体制的建立，当前必须加强经济法规和经济运行所必需的其他基础设施建设"[4]。李鹏指出："市场经济在很大程度上是以法律为规范的经济，经济活动都必须在法律

---

[1] 《万里文选》，人民出版社 1995 年版，第 620 页。

[2] 《中华人民共和国宪法修正案》，《人民日报》1993 年 3 月 30 日第 4 版。

[3] 《江泽民论有中国特色社会主义》（专题摘编），中央文献出版社 2002 年版，第 330 页。

[4] 《江泽民文选》（第一卷），人民出版社 2006 年版，第 204 页。

规定的范围内进行"①。乔石也认为："市场经济要求有健全的法制。它与高度集中的计划经济主要靠行政手段管理有根本的不同。现代国家经济发展的历史证明，没有完备的法律规范和保障，各种社会经济活动无所遵循，就必然出现混乱。我们要建立社会主义市场经济体制，并且要比资本主义条件下的市场经济运转得更好，那就更需要法律的引导、规范、保障和约束"②。

所以，加快建立社会主义市场经济体制，必须加快法制建设。1993年11月14日，党的十四届三中全会通过的《关于建立社会主义市场经济体制若干问题的决定》明确指出："社会主义市场经济体制的建立和完善，必须有完备的法制来规范和保障。要高度重视法制建设，做到改革开放和法制建设的统一，学会运用法律手段管理经济"③，并提出了20世纪末初步建立适应社会主义市场经济的法律体系等社会主义法制建设的目标。

二、党的法律思想从"法制"向"法治"飞跃

从计划经济向市场经济的转变，使中国共产党根据市场经济建设实践逐步形成了法制建设与经济体制改革相适应的思想。1991年，江泽民指出："党的路线方针政策是体现人民利益的，应该经过法定程序和法律形式，使党的主张成为国家意志"④。1992年7月1日，万里在七届全国人大常委会第二十六次会议上的讲话中指出："市场经济搞起来后，用什么样的手段来管理和控制？首先要法律化，要用法律来管理个体经济、私营经济、三资企业等各种经济"⑤。党的十四大明确："加强立法工作，特别是抓紧制订与完善保障改革开放、加强宏观经济管理、规范微观经济行为的法律和法规，这是建

---

① 转引自任建新：《社会主义法制建设基本知识》，法律出版社1996年版，第98—99页。

② 《十四大以来重要文献选编》（上），人民出版社1996年版，第251页。

③ 《十四大以来重要文献选编》（上），人民出版社1996年版，第543—544页。

④ 《江泽民文选》（第一卷），人民出版社2006年版，第156页。

⑤ 《万里文选》，人民出版社1995年版，第617—618页。

立社会主义市场经济体制的迫切要求"①。

此后，党逐步提出了建立完备的社会主义市场经济法律体系的构想。江泽民指出："我们要实现经济体制和经济增长方式的根本性转变，也必须按照市场的一般规则和我们的国情，健全和完善法制，全面建立社会主义市场经济和集约型经济所必需的法律体系"②。乔石也指出："加快改革开放，发展社会主义市场经济，迫切要求经济立法工作有一个迅速发展。今后五年，是我国从旧经济体制向新经济体制转换的关键时期。建立和健全市场经济法律体系，是培育和发展社会主义市场经济不可分割的组成部分。社会主义市场经济的发展，必须有法律来引导、规范、保障和约束。因此，本届常委会一定要抓紧时机，尽快制定一批有关市场经济的法律"③，"要按照市场经济的一般规则和我国的国情，全面建立起社会主义市场经济和集约型经济所必需的法律体系，以保障两个根本性转变的实现，同时抓紧制定其他方面急需的重要法律"④。李鹏也指出："社会主义市场经济体制的建立和完善，要依靠完备的法制来保障"⑤；"我们要抓紧制定和完善社会主义市场经济方面的重要法律，用法律规范、引导、促进和保障社会主义市场经济的健康发展"⑥。1993 年 11 月 14 日，党的十四届三中全会通过的《关于建立社会主义市场经济体制若干问题的决定》明确提出："社会主义市场经济体制的建立和完善，必须有完备的法制来规范和保障。要高度重视法制建设，做到

---

① 《十四大以来重要文献选编》（上），人民出版社 1996 年版，第 28—29 页。

② 《江泽民文选》（第一卷），人民出版社 2006 年版，第 511 页。

③ 乔石：《在八届全国人大常委会第二次会议上的讲话》（1993 年 7 月 2 日），《十四大以来重要文献选编》（上），人民出版社 1996 年版，第 338—340 页。

④ 乔石：《在八届全国人大四次会议上的讲话》（1996 年 3 月 17 日），《十四大以来重要文献选编》（中），人民出版社 1997 年版，第 1819 页。

⑤ 李鹏：《政府工作报告》（1994 年 3 月 10 日），《十四大以来重要文献选编》（上），人民出版社 1996 年版，第 736 页。

⑥ 李鹏：《在九届全国人大常委会第一次会议上的讲话》（1998 年 3 月 18 日），《十五大以来重要文献选编》（上），人民出版社 2000 年版，第 258—261 页。

改革开放和法制建设的统一，学会运用法律手段管理经济"，并提出"法制建设的目标是：遵循宪法规定的原则，加快经济立法，进一步完善民商法律、刑事法律、有关国家机构和行政管理方面的法律，本世纪末（20世纪末）初步建立适应社会主义市场经济的法律体系"①。

如何才能建立完备的市场经济法律体系呢？一是要结合实际并不断完善。"经济在发展，社会在前进，新情况新问题会不断出现，解决问题的新经验也会不断产生。正因为如此，我们的法制建设也必然是一个不断深化、加强、健全、完善的过程，不可能毕其功于一役。有了新情况、新问题、新经验，经过研究和总结，就要适时地制定新的有关法律法规"②，"由于认识有个过程，有的法律制定出来时，可能不那么完备，可随着实践的发展逐步完善"③。二是要适应社会主义市场经济发展需要。"过去制定的法律有的已不适应社会主义市场经济发展的要求，有必要进行认真清理，该修改的修改，该废止的废止"，"制定社会主义市场经济方面的法律，对我们来说是一个新课题。首先，我们应当对社会主义市场经济法律体系，进行总体上、法理上的研究。适应社会主义市场经济发展的要求，究竟需要制定哪些法律？当前急需制定的又是哪些法律？要有通盘考虑，合理部署。要深入探讨我国市场经济发展的特点和规律。……我们制定的法律，要力求符合经济发展的客观要求，有利于进一步解放和发展生产力"④。三是要巩固改革开放的成果。"立法要总结改革开放的经验，把实践证明是正确的东西用法律的形式肯定下来，

---

① 《十四大以来重要文献选编》（上），人民出版社1996年版，第543—544页。
② 《江泽民文选》（第一卷），人民出版社2006年版，第512页。
③ 乔石：《在八届全国人大常委会第一次会议上的讲话》（1993年4月1日），《十四大以来重要文献选编》（上），人民出版社1996年版，第353页。
④ 乔石：《在八届全国人大常委会第一次会议上的讲话》（1993年4月1日），《十四大以来重要文献选编》（上），人民出版社1996年版，第340、352页。

使改革开放的成果得以巩固"①。

1989 年 9 月 26 日，江泽民在就任总书记后的第一次记者招待会上回答《纽约时报》记者提问时说："我们不能以党代政，也绝不能以党代法，这也是新闻界讲的究竟是人治还是法治的问题。我想我们一定要遵循法治的方针"②。1994 年 12 月 9 日，他在第一次中央法制讲座开始前的讲话中指出："建设社会主义法制，实行以法治国，是为了把我们国家建设成为富强、民主、文明的社会主义现代化国家"③，这是中国共产党首次提出"以法治国"。1996 年 2 月 8 日，他在中共中央举办的法制讲座上做了题为《坚持依法治国》的讲话，又将"以法治国"的提法改为"依法治国"，指出"依法治国"的重大意义："加强社会主义法制建设，依法治国，是邓小平建设有中国特色社会主义理论的重要组成部分，是我们党和政府管理国家和社会事务的重要方针"，并首次阐述了"依法治国"的具体内涵："实行和坚持依法治国，就是使国家各项工作逐步走上法制化的轨道，实现国家政治生活、经济生活、社会生活的法制化、规范化；就是广大人民群众在党的领导下，依照宪法和法律的规定，通过各种途径和形式，管理国家事务，管理经济和文化事业，管理社会事务，就是逐步实现社会主义民主制度化、法律化"④。同年 3 月，八届全国人大四次会议将"依法治国"载入《国民经济和社会发展"九五"计划和 2010 年远景目标纲要》⑤，《纲要》提出："加强法制建设，依法治国，建设社会主义法制国家，是实现国家长治久安的重要保证"⑥，值得注意的是，此时仍然使用的是"法制国家"的表

---

① 李鹏：《为加强社会主义民主法制，推进依法治国而努力工作》（1998 年 3 月 21 日），《十五大以来重要文献选编》（上），人民出版社 2000 年版，第 260—261 页。

② 《就我国内政外交问题江泽民答中外记者问》，《人民日报》1989 年 9 月 27 日第 1 版。

③ 《中共中央举办法律知识讲座》，《人民日报》1994 年 12 月 10 日第 1 版。

④ 《江泽民文选》（第一卷），人民出版社 2006 年版，第 511 页。

⑤ 《十四大以来重要文献选编》（中），人民出版社 1997 年版，第 1890 页。

⑥ 《十四大以来重要文献选编》（中），人民出版社 1997 年版，第 1775 页。

述。1996 年 4 月，中国社会科学院法学研究所举办了一场题为"依法治国，建设社会主义法治国家"的学术研讨会，围绕到底是用"法制"还是"法治"来表述，与会专家展开了研讨，后来法学界达成一致的看法就是应当使用"法治国家"的表述，这个成果被党中央领导集体所采纳①。1997 年 2 月 27 日江泽民指出："依法治国是新的历史条件下党领导人民建设和治理国家的基本方略"②，这是中国共产党首次提出依法治国的基本方略。

从"依法治国，建设社会主义法制国家"到"依法治国，建设社会主义法治国家"，标志着党的法律思想从"法制"到"法治"的飞跃。1997 年党的十五大明确提出："依法治国，是党领导人民治理国家的基本方略，是发展社会主义市场经济的客观需要，是社会文明进步的重要标志，是国家长治久安的重要保障"③，其内涵是："依法治国，就是广大人民群众在党的领导下，依照宪法和法律规定，通过各种途径和形式管理国家事务，管理经济文化事业，管理社会事务，保证国家各项工作都依法进行，逐步实现社会主义民主的制度化、法律化，使这种制度和法律不因领导人的改变而改变，不因领导人看法和注意力的改变而改变"；其重要意义是："依法治国，是党领导人民治理国家的基本方略，是发展社会主义市场经济的客观需要，是社会文明进步的重要标志，是国家长治久安的重要保障"④。坚持依法治国，要强调以下几个方面：

坚持依法治国，强调党的领导与社会主义法治是一致的。1996 年 10 月江泽民指出："坚持党的政治领导，一个基本的方面就是要

---

① 郭道晖：《中国当代法学争鸣实录》，湖南人民出版社 1998 年版，第 573 页。

② 《江泽民文选》（第一卷），人民出版社 2006 年，第 644 页。

③ 江泽民：《高举邓小平理论伟大旗帜，把建设有中国特色社会主义事业全面推向二十一世纪》（1997 年 9 月 12 日），《十五大以来重要文献选编》（上），人民出版社 2000 年版，第 30—31 页。

④ 江泽民：《高举邓小平理论伟大旗帜，把建设有中国特色社会主义事业全面推向二十一世纪》（1997 年 9 月 12 日），《十五大以来重要文献选编》（上），人民出版社 2000 年版，第 30—31 页。

坚持使党的主张经过法定程序变成国家意志，通过党组织的活动和党员的模范作用，带动人民群众实现党的路线、方针、政策。国家的宪法和法律是人民群众意志的体现，也是党的主张的体现。执行宪法和法律，是按广大人民群众的意志办事，也是贯彻党的路线、方针、政策的重要保障。党领导人民制定宪法和法律，又自觉地在宪法和法律范围内活动，严格依法办事，依法管理国家，这对实现全党和全国人民意志的统一，对维护法律的尊严和中央的权威，具有重大而深远的意义"①，"国家法律，是党的主张和人民意志相统一的体现，一经制定并付诸实施，各地区各部门必须一律遵照执行"②。党的十五大明确："党领导人民制定宪法和法律，并在宪法和法律范围内活动。依法治国把坚持党的领导、发扬人民民主和严格依法办事统一起来，从制度和法律上保证党的基本路线和基本方针的贯彻实施，保证党始终发挥总揽全局、协调各方面的领导核心作用"③。

坚持依法治国，强调依法治国和以德治国相结合。1997 年 2 月 27 日，江泽民指出："加强社会主义法制建设，要同加强思想道德文化建设紧密结合起来。法律规范人们的行为，可以强制性地惩罚违法行为，但不能代替解决人们思想、道德的问题。……人们的思想道德文化素质如何，对于法制建设的成效是至关重要的。……加强法制重要的是要进行教育，根本问题是教育人。……总之，法是他律，德是自律，需要二者并用。在社会秩序的维系、社会风气的治理中，法制建设是很重要的一手，思想道德文化建设也是很重要的一手。这两手也必须同时抓"④。2000 年 6 月 28 日，他在中央思想政治工作会议上的讲话又指出："法律和道德作为上层建筑的组成

① 《各级领导干部要努力学习法律知识》，《人民日报》1996 年 10 月 10 日第 1 版。

② 《江泽民文选》（第一卷），人民出版社 2006 年版，第 644 页。

③ 江泽民：《高举邓小平理论伟大旗帜，把建设有中国特色社会主义事业全面推向二十一世纪》，人民出版社 1997 年版，第 34 页。

④ 《江泽民文选》（第一卷），人民出版社 2006 年版，第 643—644 页。

部分，都是维护社会秩序、规范人们思想和行为的重要手段，它们相互联系、相互补充。法治以其权威性和强制手段规范社会成员的行为，德治以其说服力和劝导力提高社会成员的思想认识和道德觉悟。道德规范和法律规范应该相互结合，统一发挥作用"①。2001 年 1 月 10 日，他再次指出："我们在建设有中国特色社会主义、发展社会主义市场经济的过程中，要坚持不懈地加强社会主义法制建设，依法治国；同时也要坚持不懈地加强社会主义道德建设，以德治国。对一个国家的治理来说，法治和德治，从来都是相辅相成、相互促进的。二者缺一不可，也不可偏废。……我们要把法制建设与道德建设紧密结合起来，把依法治国与以德治国紧密结合起来"②；"加强社会主义法制建设必须同时从两个方面着手，既要加强立法工作，不断健全和完善法制；又要加强普法教育，不断提高干部群众遵守法律、依法办事的素质和自觉性。二者缺一不可，任何时候都不可偏废"③。

坚持依法治国，强调依法保障人权。"中国政府依法保护人权，反对一切侵犯公民合法权利的行为。中国政府一贯依照宪法保障各民族的权利和利益"；"我们要继续加强民主法制建设，依法治国，建设社会主义法治国家，进一步推进我国人权事业，充分保障人民依法享受人权和民主自由权利"；"中国集中力量发展经济，促进社会全面进步，坚持发展社会主义民主，建设社会主义法治国家，都是为了促进中国人民的人权事业"④。

三、标志："依法治国，建设社会主义法治国家"入宪

1997 年党的十五大第一次把"依法治国，建设社会主义法治国家"在党的代表大会上郑重地提了出来，同时明确了"依法治国，

① 《江泽民文选》（第三卷），人民出版社 2006 年版，第 91 页。
② 《江泽民文选》（第三卷），人民出版社 2006 年版，第 200 页。
③ 《江泽民文选》（第一卷），人民出版社 2006 年版，第 513 页。
④ 《江泽民文选》（第二卷），人民出版社 2006 年版，第 53—56 页。

是党领导人民治理国家的基本方略"①。此次会议对依法治国的科学内涵、重大意义和战略地位做出了全面深刻阐述，也明确了一个时期内法制建设的具体目标，即"加强立法工作，提高立法质量，到2010 年形成中国特色社会主义法律体系"②。

如前所述，依法治国基本方略的确定，标志着党治国理政思想发生了巨大飞跃；由"建设社会主义法制国家"到"建设社会主义法治国家"，表明中国共产党法律认识和理念上的巨大飞跃，正如《人民日报》所做的评论："虽是一字之差，却反映了我们党对建设有中国特色社会主义政治认识的深化，是对发展社会主义民主、健全社会主义法制提出的新的更高的要求，标志着我国社会主义民主法制建设将进入更加注重法律实施、真正实现依法治国的新阶段"③。1997 年10 月8 日，司法部邀请首都部分法学家，就"依法治国，建设社会主义法治国家"的理论与实践问题进行了座谈，"大家一致认为，依法治国，建设社会主义法治国家，是党的领导方式和执政方式的重大完善和发展，是新时期党和国家重要的治国方针，也是我国政治体制改革的重要目标和内容"④。"依法治国，建设社会主义法治国家"随后被载入修改后的《中国共产党党章》。

"依法治国的'依法'依据的是什么法？是维护人民民主专政的国体和人民代表大会制度的政体的宪法和法律，是把社会主义民主制度化、法律化的宪法和法律，是具有最高权威性和极大稳定性的宪法和法律"⑤。党的十五大提出："依法治国把坚持党的领导、发扬人民民主和严格依法办事统一起来，从制度和法律上保证党的

---

① 江泽民：《高举邓小平理论伟大旗帜，把建设有中国特色社会主义事业全面推向二十一世纪》，人民出版社1997 年版。
② 《十五大以来重要文献选编》（上），人民出版社2000 年版，第33 页。
③ 《大力推进依法治国进程》，《人民日报》1997 年11 月17 日第1 版。
④ 《首都法学家座谈依法治国》，《人民日报》1997 年10 月9 日第3 版。
⑤ 《大力推进依法治国进程》，《人民日报》1997 年11 月17 日第1 版。

基本路线和基本方针的贯彻实施"①,坚持依法治国与坚持党的领导是一致的,党的路线、方针、政策等主张要经过法定程序变成国家意志,具体方式就是党领导人民制定宪法和法律,使党的主张和人民群众意志纳入国家法律,从而实现党的主张和人民意志相统一,然后党领导人民在宪法和法律范围内活动,依法管理国家。李鹏对此曾指出:"改革开放以来,历次党的代表大会确定的重大方针政策,党中央都及时向全国人大提出修改宪法的建议,按照法定程序变成国家意志,其中最重要的内容写入宪法序言,具体内容写入宪法条文"②。所以,依法治国这一方略和建设社会主义法治国家这一目标还需要通过法定程序变成国家意志。

1999 年 3 月 15 日,九届全国人大二次会议通过的《宪法修正案》,修改后的《宪法》第 5 条增加了一个条款:"中华人民共和国实行依法治国,建设社会主义法治国家"③。《人民日报》发表社论《团结一致务实兴邦》,指出"这次会议通过的〈中华人民共和国宪法修正案〉,用国家根本大法的形式,确立了邓小平理论在我们国家的指导地位,确立了依法治国的基本方略。……把党的十五大精神通过法定程序变成国家意志,符合全国各族人民的心愿,符合我们国家长期处于社会主义初级阶段的基本国情"④。至此,"依法治国"作为党领导全国人民治理国家的基本方略有了宪法上的依据。2000年 10 月 11 日,党的十五届五中全会通过的《中共中央关于制定国民经济和社会发展第十个五年计划的建议》中提出:"发展社会主义民主政治,依法治国,建设社会主义法治国家,是社会主义现代化

---

① 江泽民:《高举邓小平理论伟大旗帜,把建设有中国特色社会主义事业全面推向二十一世纪》,人民出版社 1997 年版,第 34 页。

② 李鹏:《在全国法制宣传日座谈会上的讲话》(2001 年 12 月 3 日),《十五大以来重要文献选编》(下),人民出版社 2001 年版,第 2097 页

③ 《十五大以来重要文献选编》(上),人民出版社 2000 年版,第 808 页。

④ 《团结一致务实兴邦——祝贺九届全国人大二次会议胜利闭幕》,《人民日报》1999 年 3 月 16 日第 4 版。

的重要目标"①，并载入于2001年3月5日九届全国人大四次会议通过的《中华人民共和国国民经济和社会发展第十个五年计划纲要》。

第二节　立法方向和重点

一、健全经济法律制度以保障经济体制改革

党的十四大提出，我国经济体制改革的目标是建立社会主义市场经济体制，要求"加强立法工作，特别是抓紧制订与完善保障改革开放、加强宏观经济管理、规范微观经济行为的法律和法规，这是建立社会主义市场经济体制的迫切要求"②。1993年3月29日，八届全国人大第一次会议通过的《中华人民共和国宪法修正案》明确："国家实行社会主义市场经济"，"国家加强经济立法"③。7月8日，万里在谈社会主义市场经济时指出，建立市场经济体制，需要政策指导，更需要通过立法加以保障④。在加强经济立法精神的指导下，实践中，在立法步骤上：

首先，国家加快了制定单行经济经济法律法规的步伐。"社会主义精神文明建设和法制建设还不适应改革开放和现代化建设的需要"⑤，"现在规范市场经济主体行为、维护市场经济秩序和完善宏观调控的一些急需的法律还没有制定出来，因此加快立法刻不容缓"⑥，"目前全国登记注册的各类公司达四十八万多家，这是市场经济发展中的必然现象，总的说是正常的、健康的，但其中有不少是'翻牌'公司；经济发展带来了市场繁荣，但假冒伪劣商品屡禁

---

①　《十五大以来重要文献选编》（中），人民出版社2001年版，第1395页。

②　《十四大以来重要文献选编》（上），人民出版社1996年版，第29页。

③　《中华人民共和国宪法修正案》，《人民日报》1993年3月30日第4版。

④　《万里文选》，人民出版社1995年版，第629页。

⑤　李鹏：《政府工作报告》（1993年3月15日），《十四大以来重要文献选编》（上），人民出版社1996年版，第169页。

⑥　彭冲：《全国人民代表大会常务委员会工作报告——1993年3月20日在第八届全国人民代表大会第一次会议上》，《人民日报》1993年4月5日第3版。

不止；完善市场经济发展的宏观调控手段，还需要作艰巨的努力。这些问题的解决，在很大程度上有赖于法律的完备"①。1993 年 4 月 1 日，乔石在八届全国人大常委会第一次会议上指出："本届全国人大常委会要把加快经济立法作为第一位的任务，尽快制定一批有关社会主义市场经济方面的法律。……抓紧制定和修改经济方面的法律，是发展社会主义市场经济的客观需要，是保护公平竞争、促进市场发育、建立市场经济秩序、完善宏观调控和保护公民权益的有力手段"②。李鹏在做政府工作报告时也指出："要加强法制建设，特别是健全经济立法，把成功的改革政策和经验制度化、法律化，以巩固改革成果，保障改革有秩序地进行。要尽快提出规范市场运行的法律草案，同时抓紧制定有关的行政法规，更好地运用法律手段调节经济关系"③。1993 年 7 月八届全国人大常委会第二次会议审议通过了《科技进步法》《农业技术推广法》《农业法》和《关于惩治生产、销售伪劣商品犯罪的决定》，这些都是促进社会主义市场经济发展的重要法律④，乔石在会上指出："本届常委会任期内要大体形成社会主义市场经济法律体系的框架。总的说，社会主义市场经济法律体系的框架，包含的内容非常广泛，需要制定的法律很多。就目前情况看，急需出台的是以下几个方面的法律：一是规范市场主体的法律。……常委会正在抓紧制定的公司法，就是规范市场主体的一个重要法律。二是调整市场主体关系、维护公平竞争的法律。……这次会议审议的反不正当竞争法和经济合同法修正案两个草案，是这方面重要的法律草案，应当抓紧修订。还要抓紧制定证券法、票据法、仲裁法、担保抵押法、房地产法、消费者权益保护法等法律。三是改善和加强宏观调控、促进经济协调发展方面的法律。

① 《十四大以来重要文献选编》（上），人民出版社 1996 年版，第 252 页。
② 《十四大以来重要文献选编》（上），人民出版社 1996 年版，第 251—252 页。
③ 李鹏：《政府工作报告》（1993 年 3 月 15 日），《十四大以来重要文献选编》（上），人民出版社 1996 年版，第 189 页。
④ 《十四大以来重要文献选编》（上），人民出版社 1996 年版，第 336 页。

……这就需要抓紧制定预算法、银行法、对外贸易法等法律。还要制定调整产业结构、促进科技进步等方面的法律。四是建立和健全社会保障制度方面的法律。对市场竞争造成的破产、失业等，需要有相应的社会救济，减少社会震动。因此，有关社会保障方面的法律，如劳动法、保险法等都必须重视。……以上几个方面的立法，都是建立和完善社会主义市场经济体制所必需的"①。之后，1993 年 9 月，八届全国人大常委会第三次会议审议通过《关于修改经济合同法的决定》《反不正当竞争法》。10 月，八届全国人大常委会第四次会议通过《消费者权益保护法》《关于修改个人所得税法的决定》《注册会计师法》。12 月，八届全国人大常委会第五次会议通过《公司法》和《关于修改会计法的决定》。到八届全国人大第二次会议召开时，"一年来，立法步伐明显加快，常委会共制定、修改法律和通过有关法律问题的决定 21 个，其中有关社会主义市场经济方面的占 13 个"②。

　　第二，国家初步构建起社会主义市场经济法律体系框架。为贯彻落实党的十四大提出的经济体制改革的任务，1993 年 11 月 14 日党的十四届三中全会通过的《关于建立社会主义市场经济体制若干问题的决定》提出："社会主义市场经济体制的建立和完善，必须有完备的法治来规范和保障。要高度重视法制建设，做到改革开放和法制建设的统一，学会运用法律手段管理经济"③，并提出了"法制建设的目标是：遵循宪法规定的原则，加快经济立法，进一步完善民商法律、刑事法律、有关国家机构和行政管理方面的法律，本世纪末（20 世纪末）初步建立适应社会主义市场经济的法律体系"④。1994 年，全国人大常委会制定了《第八届全国人大常委会立法规

---

① 《十四大以来重要文献选编》（上），人民出版社 1996 年版，第 338—340 页。
② 田纪云：《全国人民代表大会常务委员会工作报告——1994 年 3 月 15 日在第八届全国人民代表大会第二次会议上》，《人民日报》1994 年 3 月 26 日第 3 版。
③ 《十四大以来重要文献选编》（上），人民出版社 1996 年版，第 543—544 页。
④ 《十四大以来重要文献选编》（上），人民出版社 1996 年版，第 543—544 页。

划》，把经济立法放在首要地位，制定了大量且涉及范围广泛的经济法律，如《劳动法》《对外贸易法》《国家赔偿法》《劳动法》《城市房地产管理法》《广告法》等。此外，加快知识产权立法步伐，先后公布了《商标法》《专利法》《技术合同法》《著作权法》和《反不正当竞争法》等法律，这些法律"已初步与国际标准接轨，对推动我国改革开放和现代化建设起到了积极作用"①。金融是现代经济的核心，除了基础性的现代企业制度的建立，金融的发展关系到市场的活力，1995 年集中制定的《银行法》《商业银行法》《票据法》《担保法》《保险法》《关于惩治破坏金融秩序犯罪的决定》"五法一条例"已基本构筑起中国金融法律体系的框架。"两年多来，立法步伐明显加快，制定了一批有关市场经济的法律和其他方面的法律，取得了重大进展"②。1995 年 9 月 28 日党的十四届五中全会通过的《中共中央关于制定国民经济和社会发展"九五"计划和二〇一〇年远景目标的建议》再次明确："加快经济立法，建立和完善适应社会主义市场经济体制的法律体系。坚持改革开放和法制建设的统一，做到改革决策、发展决策与立法决策紧密结合，并把经济立法放在重要位置，用法律引导、推进和保障社会主义市场经济的健康发展。继续制定和完善规范市场主体和市场行为、维护市场秩序、改善和加强宏观调控、建立和健全社会保障制度、促进对外开放等方面的法律。同时，要制定和完善振兴基础产业和支柱产业、规范政府行为、保护环境资源、保护知识产权等方面的法律"③。同年 12 月 19 日，乔石在立法工作座谈会上的讲话中指出："进一步加强立法工作，继续把经济立法放在重要位置，抓紧制定和完善规范市场主体和市场行为、维护市场秩序、改善和加强宏观调控、建立和健全社会保障制度、促进对外开放等方面的法律，制定和完善振兴基

---

① 《十四大以来重要文献选编》（上），人民出版社 1996 年版，第 882 页。

② 《十四大以来重要文献选编》（上），人民出版社 1996 年版，第 1604 页。

③ 《十四大以来重要文献选编》（中），人民出版社 1997 年版，第 1501—1502 页。

础产业和支柱产业、规范政府行为、保护环境资源、保护知识产权等方面的法律"①。1996 年制定了《煤炭法》《乡镇企业法》，1997年制定了《合伙企业法》《节约能源法》《价格法》，1998 年制定了《土地管理法》《证券法》。1998 年 3 月 10 日田纪云在九届全国人大第一次会议上指出：八届全国人大常委会任期的五年内，"常委会把加快经济立法作为第一位的任务。……围绕市场经济体制的主要环节，努力构筑社会主义市场经济法律体系框架。在规范市场主体方面，制定了《公司法》《合伙企业法》《商业银行法》等法律。在确立市场规则、维护市场秩序方面，制定了《反不正当竞争法》《消费者权益保护法》《城市房地产管理法》《广告法》《拍卖法》《担保法》《票据法》《保险法》《仲裁法》等法律，并对《经济合同法》等法律作了修改。在完善宏观调控方面，制定了《预算法》《审计法》《中国人民银行法》《价格法》等法律，并对《统计法》《个人所得税法》等法律进行了修改。在建立社会保障制度方面，制定了《劳动法》等法律。在对外开放方面，制定了《对外贸易法》等法律。在振兴基础产业和支柱产业方面，制定了《农业法》《民用航空法》《电力法》《公路法》《煤炭法》《节约能源法》《建筑法》等法律，修改了《矿产资源法》等法律。本届任期内制定的有关市场经济方面的法律，连同以前制定的有关经济法律，初步构成社会主义市场经济法律体系框架，为社会主义市场经济的培育和发展提供了重要的法制条件"②。

　　第三，国家继续完善适应社会主义市场经济的法律体系。1997年 12 月 25 日，江泽民在全国政法工作会议上指出："当前，要在以下几个方面加大工作力度。一要继续加强立法工作，提高立法质量，特别是要加快建立和完善适应社会主义市场经济的法律体系"③。

---

　　① 《十四大以来重要文献选编》（上），人民出版社 1996 年版，第 1604、1605 页。

　　② 《全国人民代表大会常务委员会工作报告》，《人民日报》1998 年 3 月 23 日第 2版。

　　③ 《十五大以来重要文献选编》（上），人民出版社 2000 年版，第 162—163 页。

1998 年 4 月 29 日，李鹏在九届全国人大常务委员会第二次会议上指出："改革的重点也是立法的重点。现在，一些保障社会主义市场经济正常运行的法律，如合同法、物权法、证券法等，以及社会保障方面的法律，应该抓紧制定。立法要讲求质量，又要有一定进度要求。……同时，对不适应现实需要的法律适时进行修改或废止。有些综合性的法律一时制定不出来，可以先制定单行的法律。有些还可以由国务院先制定行政法规或者由地方先制定地方性法规，待取得经验、条件成熟后，再及时制定为法律"①。2000 年 10 月 11 日，党的十五届五中全会通过的《关于制定国民经济和社会发展第十个五年计划的建议》明确："要加强法制建设，特别是要重点建立和完善适应社会主义市场经济体制的法律体系，规范市场经济条件下的财产关系、信用关系和契约关系，维护市场秩序，保护公平竞争"②。2000 年 11 月 2 日，李鹏在全国人大常委会立法工作会议上指出："按照党的十五届五中全会的要求，必须抓紧制定一些发展社会主义市场经济急需的法律、法规，完善适应社会主义市场经济体制的法律体系"③，并列出了六大方面的立法重点。2001 年 3 月 5 日，朱镕基《在关于国民经济和社会发展第十个五年计划纲要的报告》中指出："完善适应社会主义市场经济体制的法律体系"④。1999 年 3 月九届全国人大第二次会议通过了《合同法》。同年九届全国人大常委会第十一次会议通过《个人独资企业法》《招标投标法》和《关于修改个人所得税法的决定》。2000 年全国人大常委会通过《关于修改产品质量法的决定》《关于修改专利法的决定》。2000 年 11 月 2 日，李鹏在全国人大常委会立法工作会议上指出："本届全国人大及其常委会……在经济生活方面，我们制定了一批民事、商事、规范市场主体和秩序、加强宏观调控、发展基础产业、

---

① 《十五大以来重要文献选编》（上），人民出版社 2000 年版，第 318 页。
② 《十五大以来重要文献选编》（中），人民出版社 2001 年版，第 1396 页。
③ 《十五大以来重要文献选编》（中），人民出版社 2001 年版，第 1430—1431 页。
④ 《十五大以来重要文献选编》（中），人民出版社 2001 年版，第 1702 页。

保护环境和资源以及促进对外开放等方面的法律，为社会主义市场经济体制的建立和市场经济的发展提供了法律规范"①。2001 年全国人大常委会通过《药品管理法修订案》《关于修改中外合资经营企业法的决定》《税收管理法修订案》《信托法》《关于修改著作权法的决定》《关于修改商标法的决定》等。2001 年 3 月 9 日，李鹏在九届全国人大会第四次会议上所做的报告中指出："一年来，常委会审议通过法律十四件、有关法律问题的决定和法律解释各一件；另有十二件法律草案，已提请常委会审议。……为适应我国加入世界贸易组织和扩大对外开放的需要，常委会修改了中外合作经营企业法、外资企业法、海关法、专利法。中外合资经营企业法修改草案也已提请本次大会审议"②。2002 年全国人大常委会通过《中小企业促进法》《农村土地承包法》《关于修改保险法的决定》等。3 月 9 日，李鹏在第九届全国人大第五次会议上所做的报告中指出：一年来，"根据改革开放和建立社会主义市场经济体制的要求，适时制定、修改有关法律。为规范市场经济体制，整顿市场经济秩序，特别是适应我国加入世界贸易组织的需要，常委会先后制定了信托法，修改了商标法、著作权法，连同先前对专利法和中外合资经营企业法、中外合作经营企业法、外资企业法的修改，基本完成了加入世界贸易组织前对有关法律的修改工作"③，"在经济法方面，要制定政府采购法、中小企业促进法、农村土地承包法，修改农业法"④。

二、完善行政法、刑法等以规范公权力行使

社会主义市场经济的建立，不仅需要制定经济法律来界定市场主体的权利义务，同样也需要完善行政法、刑法等以规范公权力的行使。因为，一方面，在社会主义市场经济条件下，企业是具有独立决策权和经营权的市场主体，政府更多的是要在宏观调控、规范

---

① 《十五大以来重要文献选编》（中），人民出版社 2001 年版，第 1426—1427 页。
② 《十五大以来重要文献选编》（中），人民出版社 2001 年版，第 1706—1707 页。
③ 《十五大以来重要文献选编》（下），人民出版社 2003 年版，第 2289 页。
④ 《十五大以来重要文献选编》（下），人民出版社 2003 年版，第 2297 页。

市场秩序方面和"市场失灵"情况下发挥"有形之手"的作用，因此需要通过法律来界定政府与企业在市场中的界限，防范公权力过度干预市场。另一方面，因为"失去监督和制约的权力必将产生腐败。这是已为古今中外无数事实所证明了的真理。如何避免各级官员手中的权力变质，始终是各国政府机构共同面临的难题"①。伴随着一些对国内贪腐案件的曝光和反思，社会舆论也日益开始重视公权规范和监督的问题②，因此也需要通过法律规范公权力行使，保障市场经济体制改革的顺利推进。但是，党的十四大之前，我国的行政立法还相对薄弱，从1983年到1992年只有一部《行政诉讼法》出台。

随着经济体制改革的推进，中国共产党关于规范公权力行使从而推进民主法治和保障公民权利的思想也不断发展和进步。1992年10月12日党的十四大提出："要严格执行宪法和法律，加强执法监督，坚决纠正以言代法、以罚代刑等现象，保障人民法院和检察院依法独立进行审判和检察。加强政法部门自身建设，提高人员素质和执法水平"，"综合经济部门的工作重点要转到加强宏观调控上来"③。1993年4月1日，乔石在八届全国人大常委会第一次会议上指出："除了加快制定经济方面的法律外，还要抓紧制定推进民主政治建设和保障公民权利方面的法律"④。1993年11月14日，党的十四届三中全会通过的《关于建立社会主义市场经济体制若干问题的决定》提出："加强和改善司法、行政执法和执法监督，维护社会稳定，保障经济发展和公民的合法权益。……各级政府都要依法行政，依法办事。坚决纠正经济活动以及其他活动中有法不依，执法不严，

---

①《走向依法治国之路——党的十四大以来我国民主与法制建设述评》，《人民日报》1997年9月3日3版。

②袁宝华：《企业家不是可以随便叫的》，《中华工商时报》1996年3月7日第2版。

③《十四大以来重要文献选编》（上），人民出版社1996年版，第29—30页。

④《十四大以来重要文献选编》（上），人民出版社1996年版，第251页。

违法不究，滥用职权，以及为谋求部门和地区利益而违反法律等现象"①。1994 年 3 月 10 日，李鹏在八届全国人大第二次会议上所做的政府工作报告中指出："各级政府必须学会用法律手段管理经济和社会，全体政府工作人员都要依法行政，坚决纠正有法不依、执法不严、违法不究的现象，以维护法律的尊严。今年要抓紧制定一批行政法规。加强执法队伍建设，提高执法水平。加强和改善司法、执法监督工作"②。1997 年 12 月 25 日，江泽民在全国政法工作会议上的讲话中指出："要保证政府机关坚持依法行政，保障公民权利，坚决制止政府机关中存在的滥用权力、违法行政的现象。三要保证司法机关严格执法，坚决纠正有法不依、违法不究的现象。要在总结经验的基础上，有领导地加快司法改革的步伐，逐步形成有中国特色的司法体制"③。1999 年 7 月 6 日，国务院召开全国依法行政工作会议，提出认真贯彻依法治国方略，切实全面推进依法行政，朱镕基在此次会议上的讲话中指出："我们要充分认识全面推进依法行政的重要性和紧迫性。无论是从建设社会主义法治国家的需要看，还是从当前政府机关依法行政状况和面临的新形势看，都要求我们必须坚决地、全面地推进依法行政"④，同时指出了政府法制建设和依法行政存在的问题："一是，政府立法工作还跟不上改革和发展的要求。有些行政法规和规章质量不高，作出的规定只是一些大的原则，缺乏可操作性，特别是对违法行为的处罚规定得不具体、不明确，不能切实解决实际问题。有些地方和部门从本地方、本部门的局部利益出发，互相扯皮，影响政府立法质量。二是，执法水平不高，有法不依、执法不严、违法不究的现象相当普遍。三是，有些地方政府和部门少数工作人员滥用职权、执法犯法、徇私枉法，严

---

① 《十四大以来重要文献选编》（上），人民出版社 1996 年版，第 543—544 页。
② 《十四大以来重要文献选编》（上），人民出版社 1996 年版，第 736 页。
③ 《十五大以来重要文献选编》（上），人民出版社 2000 年版，第 162—163 页。
④ 《十五大以来重要文献选编》（中），人民出版社 2001 年版，第 899 页。

重损害了法制尊严，败坏了党和政府在人民群众中的形象"①。1999年11月8日，国务院发布《关于全面推进依法行政的决定》②，强调深化行政管理体制改革，依法行政理念内容更丰富、更细化，已形成比较完整的指标化体系，朱镕基在政府工作报告中指出："全面推进依法行政，从严治政，建设廉洁、勤政、务实、高效政府"③。2000年10月11日，党的十五届五中全会通过的《中共中央关于制定国民经济和社会发展第十个五年计划的建议》提出："推进政府工作法制化，从严治政，依法行政……推进司法改革，完善司法保障，强化司法监督，依法独立行使审判权和检察权，严格执法，公正司法。健全依法行使权力的制约机制，加强对权力运行的监督，使廉政建设法制化"④。

党的十四大到十五大期间，我国规范公权力行使的法律制度建设不断加快。一方面，随着行政法律制度的不断完善，行政的主要环节和基本方面逐步纳入法律轨道。1993年《国家公务员暂行条例》颁布，公务员体系管理现代化开始推进。1994年5月12日，《国家赔偿法》的颁布为公民的权利遭到行政机关和司法机关错误侵害提供了救济途径⑤。1996年制定的《行政处罚法》，规范了行政处罚行为。1997年《行政监察法》颁布，强化了行政内部监督。1999年4月29日，九届全国人大常务委员会第九次会议通过《行政复议法》，构建了行政机关主动纠错机制⑥。2000年《立法法》从行为的事前和事中加强对行政行为的监督控制，作为"管法的法"，其出台解决了所依之法的正当性。

同时，行政管理体制机制改革取得重大进展。一是转变政府职

---

① 《十五大以来重要文献选编》（中），人民出版社2001年版，第901页。

② 《十五大以来重要文献选编》（中），人民出版社2001年版，第1063页。

③ 《十五大以来重要文献选编》（中），人民出版社2001年版，第1189页。

④ 《十五大以来重要文献选编》（中），人民出版社2001年版，第1396页。

⑤ 《中华人民共和国国家赔偿法》，《人民日报》1994年5月13日第3版。

⑥ 《中华人民共和国行政复议法》，《人民日报》1999年4月30日第8版。

能。明确"政府管理经济的职能，主要是制订和执行宏观调控政策，搞好基础设施建设，创造良好的经济发展环境"，要求"政府运用经济手段、法律手段和必要的行政手段管理国民经济，不直接干预企业的生产经营活动"[①]。二是改革政府机构。"改革政府机构，是建立社会主义市场经济体制的迫切要求"，"要按照政企分开，精简、统一、效能的原则，继续并尽早完成政府机构改革。政府经济管理部门要转变职能，专业经济部门要逐步减少，综合经济部门要做好综合协调工作"[②]。1998 年国家几乎撤销了所有工业专业经济部门，如电力工业部、煤炭工业部门、冶金工业部、机械工业部、电子工业部、化学工业部等。另外，国务院组成部门也由 40 个减为 29 个，部门内设机构精简了 25 %，人员编制减少一半，新组建了国防科学技术工业委员会、信息产业部、劳动和社会保障部、国土资源部 4个部委。三是明确中央与地方管理权限、明确划部门职责权限，如1993 年 12 月 15 日国务院颁布了《国务院关于实行分税制财政管理体制的决定》和《关于金融体制改革的决定》。

另一方面，在这一时期，司法方面的立法也得到很大程度的完善。虽然 1979 年《刑法》的出台对于保障安定团结发挥了巨大作用，但是受当时知识水平的限制，这部刑法还是有一定的缺憾，比如，有些规定过于原则，诸如规定了流氓罪、投机倒把罪、玩忽职守罪等司法实践中著名的三大"口袋罪"，还规定了在理论上可能对公民造成潜在威胁的类推制度等。1997 年 3 月，八届全国人大第五次会议对《刑法》作了 22 个修改或补充的规定，确定了"罪刑法定"原则，确立了打击犯罪和保护人权双重并重的原则，建立了现代司法理念，如把"反革命罪"改为"危害国家安全罪"，取消了"流氓罪"等罪名。同样，1979 年出台的《刑事诉讼法》的"打击

---

① 《关于建立社会主义市场经济体制若干问题的决定》，《十四大以来重要文献选编》（上），人民出版社 1996 年版，第 530 页。

② 《关于建立社会主义市场经济体制若干问题的决定》，《十四大以来重要文献选编》（上），人民出版社 1996 年版，第 530 页。

优先""效率至上"等原则，使得在司法实践中，出现了一些公权力失范的问题，比如超范围、期限收审等现象屡屡出现。1996 年 3 月八届全国人大第四次会议修改的《刑事诉讼法》使各种限制人身自由的强制措施开始受到更为严格的约束，庭审也由"纠问式"转向"控辩式"，犯罪嫌疑人和被告人的辩护权得到相对充分的保护。

同时，司法改革得到了进一步推动。1995 年 2 月，《法官法》和《检察官法》出台，标志着法院人事管理制度改革进入法制化轨道。1995 年 12 月第十七次全国法院工作会议再次对审判方式改革的重要意义进行了阐明，同时对深入推进法官制度改革做出具体部署。1996 年，时任最高人民法院召开专题工作工作会议，对审判方式的改革内容作了进一步明确。1998 年 3 月 10 日，时任最高人民法院院长任建新在九届全国人大第一次会议上提出，要推进法院改革，保障法院依法独立公正地行使审判权①。1999 年 3 月 21 日，时任最高人民法院院长肖扬在九届全国人大第二次会议上提出，以司法公正为主线，加大改革力度②。1999 年 10 月 20 日，《人民法院五年改革纲要》颁布，标志着法院改革开始向法院机制改革转变，对此，时任最高人民法院院长肖扬在九届全国人大第三次会议上明确，这一轮改革的重点是：一是继续完善审判方式；二是人民法院内部机构的体制机制要进一步理顺；三是公开审判活动，接受群众监督。2000 年 8 月 8 日，《最高人民法院机关机构改革方案》进入具体实施阶段。通过这一阶段人民法院系统自上而下的改革，完善了死刑核准、公开审判、管辖、证据、再审、执行、审判委员会、人民陪审员、未成年人审判、司法管理等制度，建立了审判长和独任审判员选任制度、案例指导制度，深化内部机构职能改革，促进了审判权行使方式改革、裁判文书改革等。检察院系统方面，1998 年 3 月

---

① 任建新：《最高人民法院工作报告——1998 年 3 月 10 日在第九届全国人民代表大会第一次会议上》，《中华人民共和国最高人民法院公报》1998 年第 2 期。
② 肖扬：《最高人民法院工作报告——1999 年 3 月 10 日在第九届全国人民代表大会第二次会议上》，《中华人民共和国全国人民代表大会常务委员会公报》1999 年第 2 期。

10 日，时任最高人民检察院检察长张思卿提出推进检察制度改革①。1999 年 3 月 21 日，时任最高人民检察院检察长韩杼滨提出探索检察改革举措②；2000 年 1 月 10 日，《检察改革三年实施意见》颁布。2000 年 5 月 30 日，最高人民检察院印发了《关于进一步推进基层检察院建设若干问题的意见》，对全国基层检察院的改革做出了指导。

第三节　该时期执政党法律观的特征

一、日益重视法律自身价值

随着社会主义市场经济体制建设的推进，经济改革中的矛盾性、复杂性日益暴露，人们对经济生活内在客观要求的认识不断加深，中国共产党同时也认识到法律不仅是经济生活的外部保障手段，而且更主要地应该成为经济生活的运行规则和调节手段③；而随着社会主义市场经济体制的日益完善和社会生活的发展进步，社会上出现的权力腐败、经济犯罪等问题，也使得党更加意识到权力制约和监督的必要性，法律是社会正义或人民的自由、利益、尊严等价值的体现。因为市场经济是法治经济，是一种权利本位的观念，权利是基础、权利是动力、权利是目标、权利是利益机制④。

如果说，1993 年中国共产党提出的要建立适应社会主义市场经济的法律体系，还主要着眼于规范经济领域，那么，1997 年党的十五大提出"依法治国建立社会主义法治国家"则顺理成章地把政治、经济、文化等领域的法治化内容也包括了进去，明确了党依靠宪法

---

① 张思卿：《最高人民检察院工作报告——1998 年 3 月 10 日在第九届全国人民代表大会第一次会议上》，《中华人民共和国全国人民代表大会常务委员会公报》1998 年第 1 期。

② 韩杼滨：《最高人民检察院工作报告——1999 年 3 月 10 日在第九届全国人民代表大会第二次会议上》，《中华人民共和国全国人民代表大会常务委员会公报》1999 年第 2 期。

③ 蒋立山：《中国法制改革和法治化过程研究》，《中外法学杂志》1997 年第 6 期。

④ 许传玺：《中国社会转型时期的法律发展》，法律出版社 2004 年，第 33 页。

和法律治国理政，使法制建设具有更广泛、更完整的含义。法治已经成为治国方式，意味着，"依法治国"不仅把法作为治国手段，也是把法（法律）作为行为准则、价值标准。以立法为主导的法治建设的开端更多地体现出一种经验反思式的制度建设，对于法制建设到底要取得何种目标以及到底以何种方式来建设法治，更多的是一种"摸着石头过河"式的探索。随着法律发挥的作用日益显现以及市场取向改革方针的日渐明晰，党逐渐认识到，法律不应当仅仅作为政策的执行手段，而应当更主要地应该成为经济生活的运行规则和调节手段，发挥引领作用，例如，1993 年 7 月 2 日，乔石在八届全国人大常委会第二次会议上提出："立法要同改革开放进程相适应。要总结改革开放的经验，把实践证明是正确的东西用法律的形式肯定下来，使改革的成果得以巩固。还必须充分认识到法律对经济社会发展的指导作用，应当通过法律来规范和指导改革开放的发展……一些应兴应革的事情，要尽可能先制定法律后行动，避免立法工作滞后于改革需要的状况"①。后来全国人大开始制定立法规划，这也说明法的引领作用得到进一步重视。这都表明中国共产党在执政理念和法律观念上的巨大进步。

二、从以政策调控为主向以法律调控为主转变

1997 年，党的十五大提出"到 2010 年形成中国特色社会主义法律体系"这一立法目标，一方面是由于法律自身的价值属性日益显现，另一方面客观上也是因为随着经济的发展，社会生活中各种问题日趋复杂，政策未必在事后能够及时解决问题，而通过建立法律制度来事前规范和引导显得更为可行。在立法实践尤其是有关经济法律的制定过程中，法律移植非常普遍："由于现代市场经济的基本经济规律是共同的，这就决定了我们在制定有关市场经济的法律法规时，不仅必须而且可能吸收和借鉴国外的立法经验。凡是现代法律中已有的，反映现代化市场经济共同规律的法律概念、法律原则

---

① 《十四大以来重要文献选编》（上），人民出版社 1996 年版，第 340 页。

和法律制度，各国成功的立法经验和判例、学说、行之有效的新成果，都要大胆吸收和借鉴"①。

但此时政策和法律的关系仍然处在从政策调控向法律调控转型的历史阶段。虽然立法的引领作用已经开始日益显现，但是由于法制现代化仍然处在比较初级的阶段，很多法律制定出来时并不一定完全具备实施条件，只能在实践中继续创造条件去实施法律，这就出现许多"法律超前"的现象，而这种局面的解决，仍然需要依靠政策。例如，1993年《公司法》出台，按照这部法律的要求，国有企业应当开始实行现代企业制度，实现自主经营、自负盈亏，但现实生活中这是难以实现的②，所以，国家只能制定政策，有计划、分批次改造国有企业，使之逐步使其符合公司法的条件。

总的来说，这个阶段法律的作用得到了相对充分的发挥，立法活动继续加快，到2002年底，构成中国特色社会主义法律体系的各个部门法基本齐全，加上国务院制定的行政法规和地方人大制定的地方性法规，以宪法为核心的中国特色社会主义法律体系已经初步形成③。

---

① 王家福：《社会主义市场经济法律制度建设问题——中共中央第二次法制讲座讲稿》，见曹建明等合著：《在中南海和大会堂讲法制》，商务印书馆1999年版，第47页。程燎原先生称王家福先生此文是"一份法律移植的宣言"，见程燎原：《从法制到法治》，法律出版社1999年版，第309页。

② 赵震江主编：《中国法制四十年》，北京大学出版社1990年第1版，第94页。

③ 李鹏：《全国人民代表大会常务委员会工作报告——2003年3月10日在第十届全国人民代表大会第一次会议上》，《人民日报》2003年3月22日第1版。

第五章　维护公正和促进和谐

——以立法为主导的法治建设的纵深发展(2002—2011)

进入新世纪后，中国进入了战略机遇期和矛盾凸显期并存的阶段，为了抓住机遇和应对挑战，中国共产党的法治思想进一步发展，提出要"坚持依法执政的基本方式"。法治也与全面建设小康社会、建设和谐社会和科学发展观紧密联系起来。此阶段法治建设重点是：一方面继续完善行政法、刑法等以进一步规范公权行使；另一方面强调维护公正的社会立法。2011 年 10 月，中国特色社会主义法律体系形成，这是以立法为主导的法治建设的伟大历史成就。

第一节　背景及标志

一、国家进入战略机遇期和矛盾凸显期并存阶段

1979 年 12 月 9 日，邓小平会见日本首相大平正芳时首次提出中国式的现代化是"小康之家"，"到本世纪末，中国的四个现代化即使达到了某种目标，我们的国民生产总值人均水平也还是很低的。要达到第三世界中比较富裕一点的国家的水平，比如国民生产总值人均一千美元，也还得付出很大的努力。就算达到那样的水平，同西方来比，也还是落后的。所以，我只能说，中国到那时也还是一个小康的状态"①。1982 年 8 月 21 日，他会见联合国秘书长德奎利亚尔时再次提到："我们摆在第一位的任务是在本世纪末实现现代化的一个初步目标，这就是达到小康的水平"②。对于小康水平，1987

---

① 《邓小平文选》（第二卷），人民出版社 1994 年版，第 237 页。
② 《邓小平文选》（第二卷），人民出版社 1994 年版，第 416—417 页。

年 4 月 30 日，他指出："我们原定的目标是，第一步在八十年代翻一番。以一九八〇年为基数，当时国民生产总值人均只有二百五十美元，翻一番，达到五百美元。第二步是到本世纪末，再翻一番，人均达到一千美元。实现这个目标意味着我们进入小康社会，把贫困的中国变成小康的中国"，同时他也指明了第三步走战略，"我们制定的目标更重要的还是第三步，在下世纪用三十年到五十年再翻两番，大体上达到人均四千美元"①。

党的十三届四中全会以来，中国着力推进社会主义现代化建设，国民经济持续健康较快增长，"二〇〇一年，我国国内生产总值达到九万五千九百三十三亿元，比一九八九年增长近两倍，年均增长百分之九点三，经济总量已居世界第六位。人民生活总体上实现了由温饱到小康的历史性跨越"②。1990 年 12 月党的十三届七中全会通过的《中共中央关于制定国民经济和社会发展十年规划和"八五"计划的建议》提出从 1991 年到 2000 年实现现代化建设的第二步战略目标，把"人民生活逐步达到小康水平"作为"九十年代经济发展的重要目标"③。1995 年 9 月党的十四届五中全会通过的《中共中央关于制定国民经济和社会发展"九五"计划和二〇一〇年远景目标的建议》提出："九五"期间"全面完成现代化建设的第二步战略部署"，"基本消除贫困现象，人民生活达到小康水平"④。1997 年 9 月党的十五大提出："在经济发展的基础上，使全国人民过上小康生活，并逐步向更高的水平前进"⑤。2002 年 11 月党的十六大提出：现代化建设"三步走"战略的第一步、第二步目标实现后，人民生

---

① 《邓小平文选》（第三卷），人民出版社 1993 年版，第 226 页。

② 江泽民：《全面建设小康社会，开创中国特色社会主义事业新局面》（2002 年 11 月 8 日），《十六大以来重要文献选编》（上），中共中央文献出版社 2005 年版，第 4—5 页。

③ 《十三大以来重要文献选编》（中），人民出版社 1991 年版，第 1401 页。

④ 《十四大以来重要文献选编》（上），人民出版社 1997 年版，第 1480 页。

⑤ 《十五大以来重要文献选编》（上），人民出版社 2000 年版，第 29 页。

活总体上达到小康水平，但是"现在达到的小康还是低水平的、不全面的、发展很不平衡的小康"①，提出全面建设小康社会的奋斗目标是"我们要在本世纪头二十年，集中力量，全面建设惠及十几亿人口的更高水平的小康社会，使经济更加发展、民主更加健全、科教更加进步、文化更加繁荣、社会更加和谐、人民生活更加殷实。这是实现现代化建设第三步战略目标必经的承上启下的发展阶段，也是完善社会主义市场经济体制和扩大对外开放的关键阶段"②。

党的十六大在全面认识和准确把握国际国内形势的基础上，做出判断："综观全局，二十一世纪头二十年，对我国来说，是一个必须紧紧抓住并且可以大有作为的重要战略机遇期"③。但与此同时，中国也面对挑战：国际环境方面，虽然和平与发展仍是时代潮流，但是国际形势也在继续发生深刻变化，经济全球化趋势深入发展，世界经济发展不平衡加剧，局部战争和冲突此起彼伏，恐怖主义等非传统安全威胁明显上升，影响世界和平与发展的不稳定不确定因素增多，因此必须"科学判断和全面把握国际形势的发展变化，正确应对世界多极化和经济全球化以及科技进步的发展趋势，妥善处理影响世界和平与发展的各种复杂和不确定因素，抓住和用好重要战略机遇期，在日益激烈的综合国力竞争中牢牢掌握加快我国发展的主动权"④。国内环境方面，2005 年 10 月 11 日，胡锦涛在党的十六届五中全会第二次全体会议上的讲话中指出："我国经济社会发展正处于人均国内生产总值从一千美元向三千美元过渡的关键时期，这既是一个发展机遇期，也是一个矛盾凸显期。随着我国工业化、

---

① 《十六大以来重要文献选编》（上），人民出版社 2005 年版，第 114 页。

② 江泽民：《全面建设小康社会，开创中国特色社会主义事业新局面》（2002 年 11 月 8 日），《十六大以来重要文献选编》（上），中共中央文献出版社 2005 年版，第 14—15 页。

③ 江泽民：《全面建设小康社会，开创中国特色社会主义事业新局面》（2002 年 11 月 8 日），《十六大以来重要文献选编》（上），中共中央文献出版社 2005 年版，第 14 页。

④ 胡锦涛：《在"三个代表"重要思想理论研讨会上的讲话》，人民出版社 2003 年版，第 12—13 页。

城镇化和经济结构调整加速，随着我国经济成分、组织形式、就业方式和分配方式的多样化，发展不平衡的矛盾日益凸显，社会利益关系日趋多样化，当前和今后相当长一段时间内我国经济社会发展面临的矛盾和问题可能更复杂、更突出"[1]。2006 年 10 月 11 日，他在党的十六届六中全会第二次全体会议上的讲话中又指出：国家存在"经济体制深刻变革，社会结构深刻变动，利益格局深刻调整，思想观念深刻变化，深层次矛盾逐步显现，影响社会和谐的问题明显增多，包括发展不平衡、部分群众生活困难、收入分配差距拉大、消极腐败现象滋长等问题"[2]。党的十七大则系统将这些问题概括为："生产力水平总体上还不高，自主创新能力还不强，长期形成的结构性矛盾和粗放型增长方式尚未根本改变；影响发展的体制机制障碍依然存在，改革攻坚面临深层次矛盾和问题；收入分配差距拉大趋势还未根本扭转，城乡贫困人口和低收入人口还有相当数量，统筹兼顾各方面利益难度加大；农业基础薄弱、农村发展滞后的局面尚未改变，缩小城乡、区域发展差距和促进经济社会协调发展任务艰巨；民主法制建设与扩大人民民主和经济社会发展的要求还不完全适应；社会结构、社会组织形式、社会利益格局发生深刻变化，社会建设和管理面临诸多新课题"[3]。

面对这些新问题，中国共产党提出以科学发展观解决发展不平衡、不协调、不可持续等方面的问题，着力转变经济增长方式；构建社会主义和谐社会，以化解发展中出现或历史遗留的社会矛盾，维护社会稳定，为发展营造良好社会环境。要解决好这些问题，需要进一步落实依法治国方略，发挥法治在促进、实现、保障全面建成小康社会方面的重要作用。立法是实行依法治国基本方略、建设社会主义法治国家的重要基础和依据。但是，"我国目前的法律体系

---

① 《十六大以来重要文献选编》（中），中共中央文献出版社 2006 年版，第 1088 页。
② 《十六大以来重要文献选编》（下），中共中央文献出版社 2008 年版，第 676 页。
③ 《十七大以来重要文献选编》（上），中共中央文献出版社 2009 年版，第 10-11 页。

只是初步形成，还不完善，切实加强立法工作，提高立法质量仍然是一项重要而紧迫的任务"，需要"建立起符合改革开放和现代化建设需要的、比较科学完备的、有中国特色的社会主义法律体系，为依法治国，建设社会主义法治国家奠定基础，创造条件"①。因为，一方面，"当前，我国进入了深化经济体制改革、建设完善的社会主义市场经济体制的重要时期。经济体制和社会结构处在转轨变化之中，各种利益关系的调整，对法制的需要更加突出、更为迫切"，法制建设可以"为完善社会主义市场经济体制和建设更具活力、更加开放的经济体系，提供更加有力的法律保障"②。另一方面，社会全面进步和人的全面发展同样需要法治保障，"我们现在强调树立科学发展观，坚持在经济发展的基础上促进社会全面进步和人的全面发展，坚持在开发利用自然的过程中实现人与自然的和谐相处，实现经济社会的可持续发展，所有这些都离不开法律的保障、规范和引导"③。

二、"依法执政"成为党治国理政的基本方式

2002年11月，党的十六大提出了要在2020年将我国全面建成小康社会，并把"社会主义法制更加完备，依法治国基本方略得到全面落实"作为全面建设小康社会的重要目标，同时明确了立法工作的目标，即"适应社会主义市场经济发展、社会全面进步和加入世贸组织的新形势，加强立法工作，提高立法质量，到二〇一〇年形成中国特色社会主义法律体系"④。

党的十六大还首次提出了"依法执政"。在这次会议中明确了：

---

① 《十六大以来重要文献选编》（上），中共中央文献出版社2005年版，第556页。

② 《十六大以来重要文献选编》（上），中共中央文献出版社2005年版，第557页。

③ 《十六大以来重要文献选编》（上），中共中央文献出版社2005年版，第556—558页。

④ 江泽民：《全面建设小康社会，开创中国特色社会主义事业新局面》（2002年11月8日），《十六大以来重要文献选编》（上），中共中央文献出版社2005年版，第25—26页。

"进一步改革和完善党的工作机构和工作机制。按照党总揽全局、协调各方的原则，规范党委与人大、政府、政协以及人民团体的关系，支持人大依法履行国家权力机关的职能，经过法定程序，使党的主张成为国家意志，使党组织推荐的人选成为国家政权机关的领导人员，并对他们进行监督"；"党的领导主要是政治、思想和组织领导，通过制定大政方针，提出立法建议，推荐重要干部，进行思想宣传，发挥党组织和党员的作用，坚持依法执政，实施党对国家和社会的领导"①；"必须增强法制观念，善于把坚持党的领导、人民当家做主和依法治国统一起来，不断提高依法执政的能力"②。2004 年 9 月 15 日，胡锦涛在纪念全国人大成立 50 周年大会上指出："要适应新形势新任务的要求，不断改革和完善党的领导方式和执政方式，坚持依法治国的基本方略，把依法执政作为党治国理政的一个基本方式，坚持在宪法和法律范围内活动，严格依法办事，善于运用国家政权处理国家事务"③，这是中国共产党首次提出把依法执政作为党治国理政的一个基本方式。依法执政基本方式的确立，不仅标志着中国共产党的领导方式和执政方式的深刻变革，也是党的法治思想的重大创新，标志着党的执政同依法治国统一起来。2004 年 9 月 19 日，党的十六届四中全会第三次全体会议通过的《中共中央关于加强党的执政能力建设的决定》，将"成为科学执政、民主执政、依法执政的执政党"④ 作为党的建设的目标之一，这是对党的执政理念、执政方略、执政体制和执政方式的最新概括，反映出中国共产党在新的历史条件下对自身执政方式和执政规律认识的升华，而且会议

---

① 江泽民：《全面建设小康社会，开创中国特色社会主义事业新局面》（2002 年 11 月 8 日），《十六大以来重要文献选编》（上），中共中央文献出版社 2005 年版，第 26 页。

② 江泽民：《全面建设小康社会，开创中国特色社会主义事业新局面》（2002 年 11 月 8 日），《十六大以来重要文献选编》（上），中共中央文献出版社 2005 年版，第 39 页。

③ 胡锦涛：《在首都各界纪念全国人民代表大会成立 50 周年大会上的讲话》，人民出版社 2004 年版，第 12—13 页。

④ 《十六大以来重要文献选编》（中），中共中央文献出版社 2006 年版，第 276 页。

进一步强调"党的领导是依法治国的根本保证。加强党对立法工作的领导，善于使党的主张通过法定程序成为国家意志，从制度上、法律上保证党的路线方针政策的贯彻实施，使这种制度和法律不因领导人的改变而改变，不因领导人看法和注意力的改变而改变"①。2006 年 6 月 29 日，胡锦涛在主持中共中央政治局第三十二次集体学习时的讲话中明确："依法执政是新的历史条件下马克思主义政党执政的基本方式"，并对依法执政的内涵进行了阐述："依法执政，就是坚持依法治国，建设社会主义法治国家，领导立法、带头守法、保证执法，不断推进国家经济、政治、文化、社会生活的法制化、规范化，以法治的理念、法治的体制、法治的程序保证党领导人民有效治理国家。要加强党对立法工作的领导，推进科学立法、民主立法，从制度上、法律上保证党的路线方针政策的贯彻实施"②。至此，党的法治思想在"坚持依法治国的基本方略"的基础上进一步发展为"坚持依法治国的基本方略，坚持依法执政的基本方式"的"两坚持""一方略一方式"。

党的十七大以后，党的依法执政思想进一步发展，依法执政、依法行政不断落实。2007 年 10 月 15 日，胡锦涛在党的十七大上所做的报告中提出："全面落实依法治国基本方略，加快建设社会主义法治国家。要坚持科学立法、民主立法，完善中国特色社会主义法律体系"③，同时提出"推进依法行政"，"要坚持党总揽全局、协调各方的领导核心作用，提高党科学执政、民主执政、依法执政水平，保证党领导人民有效治理国家"④；2008 年 2 月 27 日，他在党的十七届二中全会第二次全体会议上的讲话中指出："我国社会主义民主

---

①《十六大以来重要文献选编》（中），中共中央文献出版社 2006 年版，第 281 页。

②《人民日报》（海外版）2006 年 7 月 4 日第 1 版。

③《十七大以来重要文献选编》（上），中共中央文献出版社 2009 年版，第 24 页。

④ 胡锦涛：《高举中国特色社会主义伟大旗帜　为夺取全面建设小康社会新胜利而奋斗——在中国共产党第十七次全国代表大会上的报告》，人民出版社 2007 年版，第 28 页。

法制建设与扩大人民民主和经济社会发展的要求还不完全适应"①，"要全面落实依法治国基本方略。加快建设社会主义法治国家，树立社会主义法治理念，弘扬法治精神，坚持科学立法、民主立法，完善中国特色社会主义法律体系，加强宪法和法律实施，推进依法行政"②；2008 年 10 月 9 日，他在党的十七届三中全会上的工作报告中提出：一年来，"加紧建立健全保证党科学执政、民主执政、依法执政的体制机制，分解和落实各项任务，抓紧解决党内存在的突出矛盾和问题"③。2010 年 10 月 18 日，党的十七届五中全会通过的《中共中央关于制定国民经济和社会发展第十二个五年规划的建议》中确定："全面落实依法治国基本方略，完善中国特色社会主义法律体系，维护法制权威，推进依法行政"④。

"依法执政"把党的领导方式和执政方式扩展为以法治的理念、法治的体制、法治的程序保证党领导人民有效治理国家，使得法治建设具有更广泛、完整的含义。

三、标志：法治与构建和谐社会和科学发展观紧密相连

党的十六大以来，为了更好地应对机遇和挑战，促进全面建设小康社会，党提出构建和谐社会和科学发展观两大重要战略举措，正如胡锦涛所讲："构建社会主义和谐社会，是我们抓住和用好重要战略机遇期、实现全面建设小康社会宏伟目标的必然要求"⑤，"我们提出科学发展观，就是为了更好地解决改革发展关键时期遇到的各种问题，确保我国经济社会协调发展，确保党和人民的事业继续沿着正确的道路前进"⑥。随着依法治国和依法执政的落实，法治全方位介入国家政治、经济、社会生活的各个方面，不但与发展社会

---

① 《十七大以来重要文献选编》（上），中共中央文献出版社 2009 年版，第 236 页。
② 《十七大以来重要文献选编》（上），中共中央文献出版社 2009 年版，第 238 页。
③ 《十七大以来重要文献选编》（上），中共中央文献出版社 2009 年版，第 663 页。
④ 《十七大以来重要文献选编》（中），中共中央文献出版社 2011 年版，第 998 页。
⑤ 《十六大以来重要文献选编》（中），中央文献出版社 2006 年版，第 696 页。
⑥ 《十六大以来重要文献选编》（中），中央文献出版社 2006 年版，第 309 页。

主义民主，改革和完善党的领导方式和执政方式联系在一起，而且还成为构建社会主义和谐社会、落实科学发展观、全面建设小康社会的重要保障。

加强法治建设是科学发展观的内在要求。2003 年 10 月 14 日，胡锦涛在党的十六届三中全会第二次全体会议上的讲话中提出：树立和落实科学发展观是推进全面建设小康社会的迫切要求，强调"忽视社会主义民主法制建设，忽视社会主义精神文明建设，忽视各项社会事业的发展，忽视资源环境保护，经济建设是难以搞上去的，即使一时搞上去了最终也可能要付出沉重的代价"①，可见加强法制建设，是树立和落实科学发展观的重要内容。2004 年 9 月 19 日，他在党的十六届四中全会第三次全体会议上的讲话中进一步明确："树立和落实科学发展观，要求我们不仅要大力发展社会主义市场经济，而且要大力发展社会主义民主政治和社会主义先进文化"，"要把坚持党的领导、人民当家做主和依法治国有机统一起来，进一步发展社会主义民主政治，着重加强制度建设，努力实现社会主义民主政治的制度化、规范化、程序化"②。

法治建设与和谐社会也是紧密联系的。2004 年 9 月党的十六届四中全会提出了构建社会主义和谐社会的任务，要求把和谐社会建设摆在重要位置，并明确了构建社会主义和谐社会的主要内容，会议通过的《中共中央关于加强党的执政能力建设的决定》明确：加强党的执政能力建设的主要任务之一是不断提高构建社会主义和谐社会的能力③。2005 年 2 月 19 日，胡锦涛在省部级主要领导干部提高构建社会主义和谐社会能力专题研讨班上的讲话，进一步阐明构建社会主义和谐社会的重大意义、科学内涵、基本特征、重要原则和主要任务，提出民主法治是和谐社会的六大基本特征之首位："我

---

① 《十六大以来重要文献选编》（上），中共中央文献出版社 2005 年版，第 484 页。
② 《十六大以来重要文献选编》（中），中共中央文献出版社 2006 年版，第 313 页。
③ 《十六大以来重要文献选编》（中），中共中央文献出版社 2006 年版，第 276 页。

们所要建设的社会主义和谐社会，应该是民主法治、公平正义、诚信友爱、充满活力、安定有序、人与自然和谐相处的社会。民主法治，就是社会主义民主得到充分发扬，依法治国基本方略得到切实落实，各方面积极因素得到广泛调动"①。2006年10月党的十六届六中全会通过的《中共中央关于构建社会主义和谐社会若干重大问题的决定》将"依法治国基本方略得到全面落实"与构建社会主义和谐社会紧密联系起来，明确构建社会主义和谐社会的目标和主要任务之一就是："社会主义民主法制更加完善，依法治国基本方略得到全面落实，人民的权益得到切实尊重和保障"②，要求"完善法律制度，夯实社会和谐的法治基础"③，并对法治建设做出明确部署。

2007年10月党的十七大系统全面阐述了科学发展观的科学内涵，把科学发展观与法治、和谐社会建设统一起来，提出目标之一是"依法治国基本方略深入落实，全社会法制观念进一步增强，法治政府建设取得新成效"④。科学发展观理论体系包含"以人为本""政治文明""和谐社会""公平正义""社会全面进步""宪法法律至上""依法执政""尊重和保障人权""社会主义法治理念""弘扬法治精神"等科学命题，这些命题使依法治国基本方略成为一个包括依法执政、民主执政、科学立法和民主立法、依法行政、公正司法、全面学法守法的系统工程。党的十七大之后，在科学发展观指导下，社会主义法治建设继续加快推进。

第二节　立法方向和重点

一、继续完善行政、刑法等以规范公权力行使

党的十五大以来，在党的领导下，政府坚持依法行政，行政法

---

① 《十六大以来重要文献选编》（中），中共中央文献出版社2006年版，第706页。
② 《十六大以来重要文献选编》（下），中共中央文献出版社2008年版，第651页。
③ 《十六大以来重要文献选编》（下），中共中央文献出版社2008年版，第658页。
④ 《十七大以来重要文献选编》（上），中共中央文献出版社2009年版，第15页。

律制度日渐完善：五年间"颁布行政法规一百五十件；适应发展社会主义市场经济和加入世贸组织的要求，对 2000 年底以前发布的七百五十六件行政法规进行全面清理，废止七十一件，宣布失效八十件"①。在政府加快职能转变的同时，行政管理体制、司法体制改革也得到不断深化。但是，在公权力行使方面仍然还存在一些问题，如"一是一些政府工作人员特别是有些领导干部法律意识和法制观念还比较淡薄，缺乏依法行政的自觉性；二是一些地方和部门仍然存在着有法不依、执法不严、违法不究的现象；三是有的地方和部门从局部利益出发，有令不行、有禁不止"②。

为解决这些问题，中国共产党开始进一步强调依法行政和规范司法。2003 年 3 月 21 日，温家宝指出："依法行政，是贯彻依法治国基本方略的重要内容和必然要求，是政府正确行使行政权力的基本准则"，同时提出："（一）国务院要根据改革开放和经济社会发展的需要，适时提出法律议案，制定行政法规，修改或废止不相适应的法规。各部门和所有工作人员都必须依法行使权力、履行职责。（二）各部门制定规章、发布决定，必须符合宪法、法律，符合国务院的行政法规和决定。（三）严格行政责任，实行行政执法责任制和执法过错追究制，切实做到严格执法、公正执法。（四）坚决消除执法中的腐败现象，坚决纠正不顾国家全局利益和人民根本利益的本位主义和地方保护主义。（五）加强对各级行政机关及其工作人员依法行政的教育和培训，不断提高依法行政的自觉性"③。2003 年 10 月 14 日，党的十六届三中全会通过的《中共中央关于完善社会主义市场经济体制若干问题的决定》中提出："继续改革行政管理体制。

---

① 朱镕基：《政府工作报告》（2003 年 3 月 5 日），《十六大以来重要文献选编》（上），中共中央文献出版社 2005 年版，第 160 页。

② 《十六大以来重要文献选编》（上），中共中央文献出版社 2005 年版，第 254—256 页。

③ 《十六大以来重要文献选编》（上），中共中央文献出版社 2005 年版，第 254—256 页。

加快形成行为规范、运转协调、公正透明、廉洁高效的行政管理体制。完善国家公务员制度。推进依法行政，严格按照法定权限和程序行使权力、履行职责"①。2004年9月15日，胡锦涛在纪念全国人大成立50周年大会上的讲话中指出："依法治国，前提是有法可依，基础是提高全社会的法律意识和法制观念，关键是依法执政、依法行政、依法办事、公正司法"②。2005年2月19日，他再次强调："要全面推进依法行政，坚持严格执法、公正执法、文明执法，建设法治政府，建立有权必有责、用权受监督、违法要追究的监督机制。要落实司法为民的要求，以解决制约司法公正和人民群众反映强烈的问题为重点推进司法体制改革，充分发挥司法机关维护社会公平和正义的作用，促进在全社会实现公平和正义"③。2005年10月11日，党的十六届五中全会通过的《中共中央关于制定国民经济和社会发展第十一个五年规划的建议》明确："加快建设法治政府，全面推进依法行政，健全科学民主决策机制和行政监督机制"，"推进司法体制和工作机制改革，规范司法行为，加强司法监督，促进司法公正，维护司法权威"④。2007年10月15日，胡锦涛在党的十七大上所做的报告中提出："推进依法行政，加快行政管理体制改革，建设服务型政府。深化司法体制改革，优化司法职权配置，规范司法行为，建设公正高效权威的社会主义司法制度，保证审判机关、检察机关依法独立公正地行使审判权、检察权。加强政法队伍

---

① 《十六大以来重要文献选编》（上），中共中央文献出版社2005年版，第478—479页。

② 《十六大以来重要文献选编》（中），中共中央文献出版社2006年版，第224—225页。

③ 胡锦涛：《在省部级主要领导干部提高构建社会主义和谐社会能力专题研讨班上的讲话》，人民出版社2005年版，第19页。

④ 《十六大以来重要文献选编》（中），中共中央文献出版社2006年版，第1074、1082页。

建设，做到严格、公正、文明执法"①。2010 年 8 月 27 日，温家宝在全国依法行政工作会议上指出："依法行政首先要解决有法可依的问题。……进一步加强规范政府行为方面的立法，完善行政权力运行规则，坚持用制度管权、管事、管人，强化民主监督机制，切实提高行政效能"②。

在以上加强依法行政、规范司法等继续规范公权力行使的思想指导下，我国行政立法和刑事立法取得了重要进展。行政立法方面，2003 年 3 月新修订的《国务院工作规则》中明确坚持依法行政是国务院三项基本工作准则之一。同年 8 月，十届全国人大常委会第四次会议通过了《行政许可法》③，这是继《行政诉讼法》《国家赔偿法》《行政处罚法》和《行政复议法》之后又一部规范政府行为的重要法律，从源头上对行政权力进行了法律规范，与《行政诉讼法》一同建立起行政行为的监控机制④。此外，2003 年国务院"制定了《企业国有资产监督管理暂行条例》等二十八部行政法规"⑤。2004 年 3 月 22 日，国务院颁布了《全面推进依法行政实施纲要》，明确了建设法治政府的目标和任务：经过十年左右，基本实现法治政府的目标，包括转变政府职能与深化行政管理体制改革、强化对行政行为的制约和监督、不断提高行政机关工作人员依法行政的观念和能力等任务⑥。此外，2004 年国务院要求"各级政府认真实施《行政许可法》，取消和调整了一大批行政审批项目"⑦。2005 年 4 月《公务员法》颁布"标志着我国干部人事管理进入了依法管理的新

---

① 《十七大以来重要文献选编》(上)，中共中央文献出版社 2009 年版，第 24—25 页。

② 《十七大以来重要文献选编》(中)，中共中央文献出版社 2011 年版，第 917 页。

③ 《十六大以来重要文献选编》(上)，中共中央文献出版社 2005 年版，第 428 页。

④ 刘永安：《行政行为概论》，群众出版社 1993 年第 1 版，第 202 页。

⑤ 《十六大以来重要文献选编》(上)，中共中央文献出版社 2005 年版，第 827—828 页。

⑥ 《十六大以来重要文献选编》(中)，中共中央文献出版社 2006 年版，第 1—16 页。

⑦ 《十六大以来重要文献选编》(中)，中共中央文献出版社 2006 年版，第 770 页。

阶段，结束了新中国建立以来一直没有干部人事管理工作综合性法律的历史，填补了我国法律体系的一个空白"①。此外，2005 年"国务院提出了劳动合同法、妇女权益保障法和个人所得税法修正案（草案）等七部法律议案，制定并颁布了《重大动物疫情应急条例》《关于预防煤矿生产安全事故的特别规定》等二十二部行政法规"②。2006 年 8 月 27 日《中华人民共和国各级人民代表大会常务委员会监督法》通过，是进一步完善人大监督体制的重要法律。2006 年国务院"颁布了艾滋病防治条例、外资银行管理条例等二十九个行政法规"③。综上，从 2003 年到 2007 年党的十七大召开时，国务院共"制定、修订一百三十七件行政法规"④。2008 年国务院在新修改的《国务院工作准则》中提出要努力建设服务政府、责任政府、法治政府和廉洁政府，同年 5 月通过《国务院关于加强市县政府依法行政的决定》，将依法行政、建设法治政府的目标由中央政府向地方政府推进。到 2010 年 8 月全面推进依法行政纲要实施六年来，"国务院向全国人大及其常委会提出法律议案四十七件，制定行政法规一百六十七件，各部门和地方政府制定规章五千二百零八件"⑤，这些法律法规对规范政府行为、推进依法行政发挥了重要作用。十一届全国人大第一次会议以来的五年，国家进一步推进政府机构改革，初步建立职能统一的大部门体制框架，深化行政审批制度改革，五年中分两轮取消和调整行政审批事项 498 项，国务院各部门取消和调整的审批项目总数达到 2497 项，占原有审批项目的 69.3%⑥。

---

① 《十六大以来重要文献选编》（中），中共中央文献出版社 2006 年版，第 1001—1002 页。

② 《十六大以来重要文献选编》（下），中共中央文献出版社 2008 年版，第 322 页。

③ 《十六大以来重要文献选编》（下），中共中央文献出版社 2008 年版，第 933 页。

④ 《十七大以来重要文献选编》（上），中共中央文献出版社 2009 年版，第 301 页。

⑤ 《十七大以来重要文献选编》（中），中共中央文献出版社 2011 年版，第 913—915 页。

⑥ 温家宝：《政府工作报告——2013 年 3 月 5 日在第十二届全国人民代表大会第一次会议上》，新华网 http：//news. xinhuanet. com/2013lh/2013–03/18/c_ 115064553. htm。

这一时期刑事立法也不断完善，表现为刑事司法程序日益的公开、公平、公正。在程序法中对司法机关的公权力有了比以前更多的限制，强化了司法机关的责任，扩大了除司法机关以外的诉讼代理人、辩护人、当事人为代表的其他诉讼参与人的权利；同时，注重加大对犯罪嫌疑人、被告人的保护力度。2002 年 11 月，党的十六大提出，推进司法体制改革，完善司法机关的机构设置、职权划分和管理制度，加强对司法工作的监督，建设一支政治坚定、业务精通、作风优良、执法公正的司法队伍。2003 年 5 月，中央司法体制改革领导小组成立，2004 年领导小组发布了《关于司法体制和工作机制改革的初步意见》，对我国司法体制和工作机制的改革进行了顶层设计。2004 年 8 月全国人大常委会通过了《全国人大常委会关于完善人民陪审员制度的规定》，2005 年第二个《人民法院五年改革纲要》颁布，部署了 50 项法院改革任务。2007 年 6 月，最高人民法院公布《关于加强人民法院审判公开工作的若干意见》，同年 10 月，党的十七大提出司法体制改革的目的是为了建设公正高效权威的司法制度，对人民法院和人民检察院的改革进行了全局性、整体性规划。2007 年最高人民法院将死刑复核权收回，全国人大常委会对《律师法》进行了修改。2008 年 11 月，中央政治局审议并原则同意了《关于深化司法体制和工作机制改革若干问题的意见》，之后，司法改革开始加速推进，年底，中央再次就司法体制及机制改革提出了四个方面、约 60 项改革任务。2009 年《人民法院第三个五年司法改革纲要》制定，最高人民检察院也制定了《关于深化检察改革2009–2012 年工作规划》。2010 年，中国特色的案例指导制度得以确立。到 2011 年，2008 年底确定的 60 项司法改革任务绝大部分已经完成。

二、加强维护公正的社会立法以完备法律体系

建立和完善社会主义市场经济体制是国家改革发展的重点，因此经济立法也始终是国家立法工作的重点，而社会立法，即关于民生、环保等方面的法律则相对较少。据统计，从六届全国人大常委会到九届全国人大常委会总计立法 341 件，其中经济立法 107 件，占 36.5%；社会立法 16 件，仅占 4.7%[①]。进入新世纪以后国家的立法活动有一个显著变化，即从注重建立社会主义市场经济所需的法律制度转向全方位立法，因为"我国目前的法律体系只是初步形成，还不完善，切实加强立法工作，提高立法质量仍然是一项重要而紧迫的任务"[②]，"我国的民主法制建设还不能完全适应新形势下社会主义市场经济发展和社会全面进步的需要"[③]。2002 年 11 月党的十六大提出把"社会主义法制更加完备，依法治国基本方略得到全面落实"作为全面建设小康社会的重要目标，同时也明确了立法工作的目标，即"适应社会主义市场经济发展、社会全面进步和加入世贸组织的新形势，加强立法工作，提高立法质量，到二○一○年形成中国特色社会主义法律体系"[④]。2003 年 3 月 10 日，李鹏在十届全国人大第一次会议上做的报告中指出："要适应社会主义市场经济发展、社会全面进步和加入世贸组织的新形势，加强立法工作，提高立法质量，为到二○一○年形成中国特色社会主义法律体系继续做出努力"[⑤]。2003 年 12 月 17 日，吴邦国在全国人大常委会立法工作会议上的讲话中也指出："要认真研究制定急需的、基本的、条件成熟的法律法规，及时修改完善已有的法律法规，建立起符合改革开放和现代化建设需要的、比较科学完备的、有中国特色的社会主义法律体系，为依法治国，建设社会主义法治国家奠定基础，创

---

① 李林主编：《中国法治发展报告 NO.6（2008）》，社会科学文献出版社 2008 年版，第 6 页。

② 《十六大以来重要文献选编》（上），中共中央文献出版社 2005 年版，第 556—557 页。

③ 《十六大以来重要文献选编》（中），中共中央文献出版社 2006 年版，第 257 页。

④ 江泽民：《全面建设小康社会，开创中国特色社会主义事业新局面》（2002 年 11 月 8 日），《十六大以来重要文献选编》（上），中共中央文献出版社 2005 年版，第 25—26 页。

⑤ 《十六大以来重要文献选编》（上），中共中央文献出版社 2005 年版，第 213 页。

造条件"①。

与此同时，中国共产党日益重视保护公民合法权益的社会立法。2003 年 10 月 14 日，党的十六届三中全会通过的《中共中央关于完善社会主义市场经济体制若干问题的决定》中提出加强经济立法的同时，要"完善劳动、就业和社会保障等方面的法律法规，切实保护劳动者和公民的合法权益。完善社会领域和可持续发展等方面的法律法规，促进经济发展和社会全面进步"②。2004 年 9 月 15 日，胡锦涛在纪念全国人大成立 50 周年大会上的讲话中指出："全国人民代表大会及其常务委员会……要抓紧制定和完善发展社会主义民主政治的法律，保障公民权利、维护社会安定的法律，促进社会全面进步的法律"③，2005 年 2 月 19 日，他又指出："构建社会主义和谐社会，必须健全社会主义法制，建设社会主义法治国家，充分发挥法治在促进、实现、保障社会和谐方面的重要作用。要进一步加强和改进立法工作，从法律上体现科学发展观的要求，制定和完善发展社会主义民主政治、保障公民权利、促进社会全面进步、规范社会建设和管理、维护社会安定的法律"④。2005 年 10 月 11 日，党的十六届五中全会通过的《中共中央关于制定国民经济和社会发展第十一个五年规划的建议》中提出："完善市场主体、市场交易、市场监管、社会管理、可持续发展等方面的法律法规"⑤。

在这样的立法思想指导下，社会立法得到健全和完善。如 2003 年国务院出台了《城市生活无着落的流浪乞讨人员救助管理办法》，2004 年制定《可再生能源法》《妇女权益保障法》等法律。"公民的

---

① 《十六大以来重要文献选编》（上），中共中央文献出版社 2005 年版，第 556—557 页。

② 《十六大以来重要文献选编》（上），中共中央文献出版社 2005 年版，第 479—480 页。

③ 《十六大以来重要文献选编》（中），中共中央文献出版社 2006 年版，第 227 页。

④ 胡锦涛：《在省部级主要领导干部提高构建社会主义和谐社会能力专题研讨班上的讲话》，人民出版社 2005 年版，第 19 页。

⑤ 《十六大以来重要文献选编》（中），中共中央文献出版社 2006 年版，第 1082 页。

合法的私有财产不受侵犯""国家尊重和保障人权"被载入宪法。随着 2004 年人权入宪，国家先后制定了《清洁生产促进法》《环境影响评价法》《放射性污染防治法》《物权法》《劳动合同法》《就业促进法》《劳动争议调解仲裁法》《食品安全法》《侵权责任法》《社会保险法》等法律。特别值得一提的是，这部《物权法》，包含了惠及农民的土地承包经营权制度、宅基地使用权等富有中国特色的物权制度，也有破解小区物权冲突、维护城市业主权益的制度安排，最重要的是对直面现实生活中危害公民财产权最严重的非法征地、强制拆迁等现象，对国家征收相关制度进行了细化，可以说这部法律不仅是制定了财产权利的规则，而且更新了全社会的财产观念和权利意识。

党的十七大提出，完善社会主义民主，建设社会主义和谐社会，促进社会公平正义，因此立法更加注重保障民生。2010 年 8 月 27 日，温家宝在全国依法行政工作会议上指出："下一阶段立法工作重点要在解决经济社会发展中的深层次矛盾，推动科学发展、促进社会和谐方面取得更大进展。在改善民生和发展社会事业方面，完善收入分配、就业、社会保障、教育、医疗等方面的法律法规"[1]。2007 年，"围绕建设资源节约型、环境友好型社会，制定循环经济促进法、城乡规划法，修改节约能源法、水污染防治法、科学技术进步法；着眼于保护人民切身利益、构建社会主义和谐社会，制定劳动争议调解仲裁法、禁毒法，修改民事诉讼法、律师法、个人所得税法、残疾人保障法等法律"[2]。2008 年"要抓紧制定和修改在法律体系中起支架作用的重要法律，着力加强社会领域立法，继续完善经济、政治、文化领域立法"[3]。2009 年 12 月，全国人大常委会通过了《中华人民共和国侵权责任法》，"坚持从我国国情和实际出

① 《十七大以来重要文献选编》（中），中共中央文献出版社 2011 年版，第 917 页。

② 《十七大以来重要文献选编》（上），中共中央文献出版社 2009 年版，第 653—654 页。

③ 《十七大以来重要文献选编》（上），中共中央文献出版社 2009 年版，第 931 页。

发，对民法通则确立的相关基本制度作了细化、补充和完善，明确承担侵权责任的基本原则和责任方式。……对保护民事主体的合法权益，预防并制裁侵权行为，减少和化解社会矛盾，促进社会和谐稳定具有重要意义"①。同时，国务院法制办会同住房城乡建设部制定了《国有土地上房屋征收与补偿条例（征求意见稿）》。2009 年全国人大常委会还制定了农村土地承包经营纠纷调解仲裁法。

经过多年的努力，截至 2009 年 8 月底，全国人大及其常委会共制定有效的法律 229 件，涵盖全部七个法律部门，国务院共制定现行有效的行政法规 682 件；地方人大及其常委会共制定现行有效的自治条例和单行条例 600 余件；民族自治地方人大共制定现行有效的自治条例和单行条例 600 余件；5 个经济特区共制定现行有效的法规 200 余件；国务院部门和有立法权的地方政府共制定规章 2 万余件。这些现行的有效的法律、法规和规章，构成了中国特色社会主义法律体系的具体内容②。

2011 年 3 月 10 日，吴邦国在十一届全国人大第四次会议上宣布，到 2010 年年底 "中国特色社会主义法律体系已经形成"③。中国特色社会主义法律体系，立足国情，体现了中国特色社会主义的本质要求，适应改革开放和社会主义现代化建设的时代要求，是全面实施依法治国基本方略、建设社会主义法治国家的基础，是新中国成立 60 多年特别是改革开放 30 多年来经济社会发展实践经验制度化、法律化的集中体现。

---

① 《十七大以来重要文献选编》(中)，中共中央文献出版社 2011 年版，第 589—592 页。

② 《国家经济、政治、文化、社会生活各个方面基本做到有法可依》，《光明日报》2009 年 9 月 23 日第 4 版。

③ 吴邦国：《全国人民代表大会常务委员会工作报告》，《人民日报》2011 年 3 月 19 日第 1 版。

第三节　该时期执政党法律观的特征

一、依法执政标志着党执政理念和方式的进步

执政理念方面，江泽民曾指出："我们党是执政的党，党的领导要通过执政来实现。我们必须强化执政意识，提高执政本领"①。执政意识对于制度建设具有引导作用，可以从中演绎出具体的制度规范，同时为制度规范设定价值取向。依法治国的前提是坚持党的领导，在我国法律是党的意志和人民意愿的统一，依法治国就是党要带领人民制定法律，带头执行法律，遵守法律，带头维护法律的尊严。依法执政的执政意识是执政党对人民负责的意识，是"立党为公""执政为民"的具体体现，能够最广泛动员和组织人民依据法律管理国家事务，实现人民当家做主，体现出党重视法律这个更具根本性、全局性、稳定性、长期性的重要环节对于执政的重要意义，更体现出党的领导、人民当家做主和依法治国的统一。

执政方式方面，中国进入了全面建设小康社会、加快推进社会主义现代化建设的新发展阶段，这一历史条件下，完善社会主义市场经济体制、构建社会主义和谐社会、全面落实依法治国都需要在党的领导下进行，加强党的执政能力成为必需，依法执政也成为加强党的执政能力建设的重要方面。在依法治国背景下，实行依法执政必然要求要健全权力监督机制，江泽民曾说："坚持把发展民主健全法制结合起来，把党内监督、法律监督和群众监督结合起来，并发挥理论监督的作用，建立健全依法行使权力制约机制"②，即党必须在宪法法律范围内活动。按照宪法和法律规定的国家政权组织形式和运行方式执政，理顺党与国家机关之间关系，可以使党领导的依法治国向制度化、机制化发展。党的十六大提出："党的领导主要

---

① 江泽民：《论党的建设》，中共中央文献出版社 2001 年版，第 7 页。
② 江泽民：《论党的建设》，中共中央文献出版社 2001 年版，第 463 页。

是政治、思想和组织领导，通过制定大政方针，提出立法建议，推荐重要干部，进行思想宣传，发挥党组织和党员的作用，坚持依法执政，实施党对国家和社会的领导"①；"进一步改革和完善党的工作机构和工作机制。按照党总揽全局、协调各方的原则，规范党委与人大、政府、政协以及人民团体的关系，支持人大依法履行国家权力机关的职能，经过法定程序，使党的主张成为国家意志，使党组织推荐的人选成为国家政权机关的领导人员，并对他们进行监督"②。这就通过宪法和法律程序，将党对国家政权的领导纳入程序化、制度化和规范化的轨道，从法律上保证党的路线方针政策的贯彻实施、巩固与加强党的执政地位和执政权力。

二、党的政策和主张必须经法定程序上升为法律

如前所述，党的政策是党领导人民取得革命胜利、建立新中国，以及巩固新生政权的有力武器，也是党领导人民建设社会主义的纲领，具有鲜明的宗旨性，具有灵活性和机动性，同时易于掌握、便于执行，是党治国理政非常重要的手段。但是，政策与法律相比相对缺乏规范性和稳定性。

依法治国和依法执政应当坚持宪法法律是依法治国的基础和依据，任何组织和个人的行为都不得违反宪法法律，党也必须在宪法和法律规定范围内活动，做到有法可依、有法必依、执法必严、违法必究。也就是说，依法治国强调规范性，在管理国家事务的过程中，政党行为、政府行为、社会各种组织的行为、普通公民的行为都需要行为规则，党和国家的方针和政策也都要纳入法律的轨道。政策和法律的关系由此转变为：政策更多体现在对国家发展方向上做出的指导，必须通过法定程序上升为国家法律意志，党必须依靠宪法法律治国，即"善于使党的主张通过法定程序成

----

① 江泽民：《全面建设小康社会，开创中国特色社会主义事业新局面》（2002 年 11 月 8 日），《十六大以来重要文献选编》（上），中共中央文献出版社 2005 年版，第 26 页。

② 《全面建设小康社会 开创中国特色社会主义事业新局面》，《江泽民文选》（第三卷），人民出版社 2006 年版，第 553 页。

为国家意志，从制度上、法律上保证党的路线方针政策的贯彻实施，使这种制度和法律不因领导人的改变而改变，不因领导人看法和注意力的改变而改变"①。同时，政策的制定必须要有法律依据。党的十四届三中全会提出，改革决策要与立法决策紧密配合，立法要体现改革精神，用立法引导、推进和保障改革顺利出台。"如果说，80 年代从单一的政策调控结构向以政策为主的政策——法律二元结构过渡是有第一次飞跃的话，那么从以政策为主导的调控结构向以法律为主导的调控结构过渡则是第二次新的更高层次的飞跃"②。

但需要指出的是，以法律为主导不等于否定了政策的价值。在我国，党的政策是我们不断取得社会主义事业建设胜利的纲领，法律是党的意志和人民意愿的体现，二者在指导思想以及为之服务的经济基础、政治制度和根本任务等方面的高度一致，决定了法律和政策都是党执政的重要依据，两者密切联系、不可割裂。任何执政党，都要通过国家政权机关，包括利用法律手段贯彻自己的政策，任何法律的创新都具有一定的政策背景，都要受到执政党的政策影响。德国比较法学家茨格威特·克茨在讨论社会主义国家政策对法律的影响后指出："这绝不是说西方的法律体系中法律不受政策的影响，否则便几乎不可能理解法律是如何产生或在实践中是如何运用的，实际上，许多制定法都有意地寻求推进重建社会生活的某些经济的或政策的政策"③。

---

① 《十六大以来重要文献选编》（中），中共中央文献出版社 2006 年版，第 281 页。

② 石泰峰：《告别历史，走向未来——党的十四大以来我国法制建设的理论突破与成果》，《中国青年报》1997 年 9 月 4 日第 8 版。

③ ［德］茨格威特·克茨：潘汉典等译，《比较法总论》，贵州人民出版社 1992 年版，第 519—520 页。

第六章　评析新时期
党领导的以立法为主导的法治建设

新时期以来中国共产党领导的以立法为主导的法治建设可以概括为是一条具有中国特色的法治建设之路：在保持社会本质属性和国家制度结构稳定的前提下，根据社会实践而不断适时有序"渐进式"建立和调整法律制度。这既不同于西方国家自发演进型法制建设模式，也不同于苏联一步到位的激进式法制改革模式，体现出"稳中求变"的政治智慧，实现了执政党法律思想和领导人民进行的法律实践的良性互动，取得了建成中国特色社会主义法律体系的伟大成就。

第一节　中国特色的"稳中求变"
渐进式法治建设之路

一、国情决定法治建设无法采用西方或苏联模式

新时期中国共产党领导的以立法为主导的法治建设既不同于西方的自发演进型法制建设，也不同于苏联一步到位式的激进式法制改革，可以概括为在保持社会本质属性和国家制度结构稳定的前提下，根据社会实践而不断适时有序"渐进式"建立和调整法律制度的中国特色的法治建设之路。

西方法制现代化发展历程总的来说来自于自发演进。英美法系起源于11世纪诺曼公爵征服英国后为加强统治而建立的普通法，14世纪开始普通法下的法院令状制度逐渐不能适应英国社会的发展变化，于是15世纪后半期出现了衡平法，并从16世纪开始与普通法并行发展，17世纪英国资产阶级革命爆发后，英国一方面保持了原

有的封建传统法制，但同时也为巩固新生的资产阶级政权和满足资本主义社会发展需要制定了新法。大陆法系起源于古代罗马法，11世纪后期，随着欧洲各民族国家封建化进程的基本完成，新的社会生产和生活关系需要与其相适应的社会制度规范，罗马法得以在欧洲大陆复兴，12 至 16 世纪大陆法系开始形成。18 世纪，法国大革命后，为适应资本主义发展需要，法国以罗马法为基础制定了《法国民法典》，之后的 1900 年德国制定了《德国民法典》。进入 20 世纪后，随着经济社会的发展变化，两大法系也在继续完善。由此可见，自发演进型的法制建设往往经历了漫长的历史时期，这并不适用于改革开放后的中国，因为新时期国家经济社会生活的方方面面都亟需法律调整，因为如果任由法律体系缓慢发展，会付出高昂的时间成本，所以改革开放后，中国法治建设要在短时间内尽可能建立和完善法律制度，立法无疑是最便捷的方法，所以 1978 年以来中国开始了以立法为主导的法治建设。

既然时间紧迫，那是否要采取"毕其功于一役""一揽子"的法律改革方案？20 世纪 90 年代，苏联在进行经济体制改革的同时推进政治体制改革，其中法制改革采取的就是一步到位的模式：一是修改宪法，取消了宪法中对苏共领导地位的规定，实行多党制，1990 年 3 月 14 日第三次苏联人民代表大会正式通过《关于设立苏联总统职位和苏联宪法（根本法）修改补充法》；二是制定颁布《新闻出版法》等，推行西方的所谓"新闻自由"和"言论自由"，主动放弃了共产主义在意识形态领域的主导地位，造成苏共逐步丧失了对意识形态领域的控制权和舆论的主导权；三是始于 1990 年 11月 1 日的由计划经济快速过渡到市场经济的计划失败后，1991 年 7月 1 日苏联最高苏维埃通过《关于企业非国有化和私有化原则法》，进一步加快私有化步伐①，导致社会主义国家的经济基础和苏共执政

---

① 朱继东：《苏联亡党亡国过程中的几次法治改革陷阱及警示》，《红旗文稿》2015年第 9 期。

的经济基础被瓦解。这些一步到位的改革非但没有成功，反而引发社会巨变，成为苏联解体的重要原因之一。发展经济学中，罗纳德·麦金农的经济转轨论建立在转轨国家"后发"的社会现实上，认为其市场化改革应有次序，即充分发挥政府作用，在保持宏观经济稳定的前提下，逐步放松对经济活动的管制①，虽然其研究主要涉及金融改革，但对法制建设也有借鉴意义：苏联市场化改革采取的是激进的"休克疗法"，认为自由化和私有化将会推动市场机制的建立，而市场机制的建立可以使新的法律制度会自动建立，然而事实是，改革不仅引起经济下滑，也引起社会动荡，法律体系的自动建立更是无从谈起，后来的研究认为，法制缺失也正是苏联市场经济转型困难的重要原因之一②。这都说明新古典理论中放开"有形之手"后、市场"无形之手"会自发解决一切问题的模式在指导转轨国家改革问题上的失败。虽然从追求效率的角度来说，一步到位型法制建设是最优选择，而且从社会心理来看，这种模式最能使社会大众产生稳定的法律预期，但这种模式的一个最基本的预设前提是，改革者要具备完备的法律知识并且洞悉未来社会发展的走向，在实践中这种全知全能的预判是不现实的，社会处于不断发展变化之中，法律也应当根据实践情况不断修订，这种模式涉及政治、经济、思想等多领域，各领域又相互交叉、互为基础，改革需要更多的统筹协调，操作起来极其困难。

所以最适合改革开放后中国特定国情的就是以立法为主导的法治建设道路，体现为"稳中求变"的特点，即在保持社会本质属性和国家制度结构稳定的前提下，根据社会实践而不断适时有序"渐进式"建立和调整法律制度，既能够避免自发演进型法制建设的高昂时间成本，也能够避免"一揽子"改革给社会造成的巨大波动。

---

① ［美］罗纳德·I·麦金农：《经济自由化的次序——向市场经济过渡时期的金融控制》，李瑶译，中国金融出版社 2006 年版。

② ［美］安德鲁·库钦斯主编：《俄罗斯在崛起吗?》，新华出版社 2004 年版，第 102 页。

二、以立法为主导的法治建设的前提是保持稳定

从邓小平关于"共产党的领导,这个丢不得,一丢就是动乱局面,或者是不稳定状态。一旦不稳定甚至动乱,什么建设也搞不成"[①],可以看出稳定的重要性。"法律经济学"注重研究法律制度的效率价值[②],适宜对法律制度的变迁和发展进行分析,其核心科斯定理[③]的实质是:考虑到外部性问题[④],制度要实现效率就要在"局限条件"下降低交易成本。中国的法治建设,完全符合该定理,即在保持稳定这个"局限条件"下合理配置法律资源,降低制度变迁的成本。下面,利用法律经济学分析方法,结合中国法治建设实际,推导中国法治建设的"局限条件"——保持稳定。

假设:甲和乙为一个国家中仅有的两个社会组织,其收益分别对应图 1 的纵轴和横轴,且他们对自己在某一社会法治发展阶段下(如图 1 中的 RO、R1、R2)所获得收益的报告是准确可信的。

---

① 《邓小平文选》(第三卷),人民出版社出版 1993 年版,第 252 页。

② Harnay, Sophie; Marciano, Alain, "Posner and the law: From 'law and Economic s' to an Economic Analysis of law", Journal of the History of Economic Thought, June2009, Vol. 31, No. 2, pp. 215—232.

③ 在科斯《社会成本问题》中并未出现"科斯定理"这个名称,该名称最早出现在斯蒂格勒的教科书(1966 年版),《新帕尔格雷夫经济学词典》中的定义和斯蒂格勒的一致,详见 Francesco Parisi, "Coase theorem", in Steven N. Durlauf and Lawrence E. Blume Eds. , The New Palgrave Dictionary of Economics, Second Edition, 2008, p. 1876.

④ Aslanbeigui, Nahid; Medema, Steven G, "Beyond the Dark Clouds: Pigou and Coase on social Cost", History of Political Economy, Winter 1998, Vol. 30, No. 4, pp. 601—625.

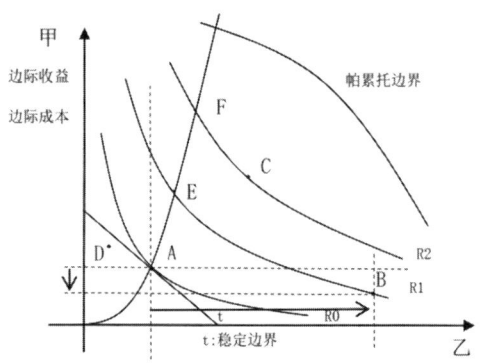

图1：法制改革的"局限条件"——稳定的推导①

首先，A 点是 R0 下最优收益分配均衡点（MR＝MC）。由 A 点移动到经过 A 点的虚线分割出的右上方区域内（设为区域1）的任何点，甲和乙至少有一个的收益变好，而另一个的收益没有变坏，社会总收益增加，实现了"帕累托改进"。这说明区域1内的任一点是甲、乙收益分配组合点的可选移动。所以，通过改革，由 R0 发展到 R1 或由 R1 发展到 R2 是可行的。回顾新中国法制建设前期，通过法律制度的建立，促进了经济和社会发展，明显增加了社会总效益。

其次，过 A 点且斜率为45°的直线 t 右上方与区域1围成的区域内的任一点，如 B 点。由 A 点移动到 B 点，乙的收益增加，甲的收益减少，但甲和乙的总收益增加，如果通过合理的制度安排使乙的收益弥补甲的损失，那么甲、乙都会支持改革，符合"卡尔多–希克斯改进"。这也说明，通过改革由 R0 发展到 R1 增加了社会总效益，也可行。现在改革进入深水区，难度和成本越来越大，改革以后更多的是"卡尔多—希克斯改进"，利益增进和调整并存。

最后，直线 t 及其左下方区域。直线 t 上的任何一点，甲和乙获

---

① 此图是笔者根据自己的推导所绘制。见作者发表的文章：李中天：《论改革开放以来中国法制改革的渐进式特征——一个法律经济学的视角》，《思想战线》2015 年第 3 期

得的收益总和不变，但从 A 点移动到直线 t 左下方的任何一点时，如 D，甲的收益增加，乙的收益减少，甲增加的收益不足以弥补乙收益的减少，甲和乙收益的总和减少。也就是说改革使社会总收益减少，多数人利益受损，那么改革难以推动。如果强行改革，会激发各种不稳定因素，进而影响社会稳定。

通过分析，可以得出：在 R0 下，直线 t 为法制改革推进的"局限条件"，称之为"稳定边界"。同理，图 1 中的经过 E、F 点 45°直线也是 R1、R2 下的"稳定边界"。也就是说，在任一社会法治状态下，进一步推进建设或改革，都存在一个"稳定边界"，即稳定。

从法律经济学的角度看，上文所述的苏联激进改革失败的重要原因之一就是忽略了"科斯定理"所强调的"局限条件"——社会稳定，一味追求"快"，忽视"稳"，结果适得其反。与之不同，中国改革开放以来法治建设"渐进式"推进的路径是取得巨大成就的重要原因：以"实践是检验真理的唯一标准"指导不断推动法律制度建设，始终强调处理好改革、发展和稳定的关系。这正符合科斯定理"局限条件"下降低"交易成本"，提高社会总效益的原理。因为人民日益增长的物质文化需求和落后的生产力之间的矛盾，实际上就是一种权利冲突，要用降低制度成本和增加制度效益的法律等制度的建立和安排来解决这种矛盾，惠及最大多数的人，但是这种效益的追求不能突破稳定边界，也就是说，法制建设在坚持改革开放的同时，要坚持"四项基本原则"，如不能改变社会主义国家性质，不能改变基本经济制度中的公有制的主体地位，等等。

三、根据社会实践稳步适时有序地推进法治建设

改革开放以来，中国的法治建设在稳定前提下也呈现出根据实践不断调整的适时变动性。

第一，制定、修改宪法和制定宪法修正案。新中国成立之初并没有立即制定宪法，而是制定了《中国人民政治协商会议共同纲领》，确立了新中国的国体政体和人民的权利义务，带有宪法和纲领的双重性质。1954 年 9 月 20 日，新中国第一部宪法经一届全国人大第一次会议审议通过，规定了我国的根本制度、公民基本权利义务等，明确了国家机关的组织构建，确立了国家法制的基本原则，是一部较为完善的宪法。1975 年 1 月 17 日，四届全国人大第一次会议审议通过修订后的宪法产生于"文革"后期，在指导思想和具体规定上都存在一定缺陷。1978 年 3 月 5 日，五届全国人大第一次会议审议通过再次修订后的新宪法，这部宪法在结构上与前两部宪法基本相同，在主要内容方面：恢复了检察机关及审判公开和辩护制度、增加了实现四个现代化的任务、发扬社会主义民主等内容，补充了公民的基本权利和义务的规定，但受当时历史条件限制，还是保留了"坚持无产阶级专政下的继续革命"等提法和"地方各级革命委员会"等名称，之后于 1979 年和 1980 年国家以宪法修正案的形式，对上述相关规定进行了修改。1982 年 12 月 4 日，再次修改后的新宪法经五届全国人大第五次会议审议通过，即现行宪法，这部宪法恢复了在 1975 年宪法和 1978 年宪法中被取消的法律平等原则，提出维护宪法法律尊严，将四项基本原则写入宪法。1988 年 4 月 12 日，七届全国人大第一次会议审议通过了宪法修正案，主要内容是确认私营经济的法律地位、允许土地使用权依法转让等。1993 年 3 月 29 日，宪法修正案经八届全国人大第一次会议审议通过，内容包括：增加建设有中国特色的社会主义理论、坚持改革开放、国家实行社会主义市场经济等。1999 年 3 月 15 日，九届全国人大第二次会议再次通过宪法修正案，内容包括：明确邓小平理论的指导地位、依法治国、农村集体经济经营体制等。2004 年 3 月 14 日，宪法修正案经十届全国人大第二次会议审议通过，内容包括：明确"三个代表"重要思想的指导地位、完善土地征用制度、平等保护各类经济主体等。

如此频繁修宪，是否会影响宪法的稳定性？从实践来看并没有。布坎南曾从契约主义的角度推导出"一致同意"的正义原则，并将规则分为立宪层次和执行层次，而中国法治建设的历史背景和复杂国情，决定了在制定宪法时要达到立宪层次"一致同意"并不现实，所以中国的宪法修改类似于"执行层次"的"一致同意",在过程上体现出以党的政策为先导的特点。1981 年 9 月邓小平指出,党的十一届三中全会以来的路线、方针、政策符合中国的国情,是行之有效的,当然可以反映到宪法中去[①],之后,历次宪法修改都将党的理论、方针和政策写入宪法,具体程序是由中国共产党中央委员会向全国人大常委会提出修宪建议,再由全国人大常委会审议通过后向全国人大提议,全国人大最终通过具体宪法修改决定,这样就保持了政策的连续性。另外,因为宪法是国家根本法,对其他具体法律制度的变革也起指引作用,因此也降低了这些法律制度的变革成本。

第二,实验立法。实验立法,广义上包括试行立法、法律试点、经济特区的法律实践等多种形式,其中最为普遍的是试行立法。彭真在 1985 年的全国政法工作会议上指出:"经验证明,凡是新的重大问题、重要改革,总要有个探索、试验阶段,这里有一个从政策指导到制定法律的过渡问题。比如,现在对外开放、经济体制改革正在进一步展开,急需的主要还不是立法,而是制定一些暂行的规定或条例,以便使工作有条理地有秩序地进行。目前这个阶段,许多新的问题需要探索、实验。实践证明可以定下来的,才可以立法。在试验阶段,授权国务院制定暂行的规定或条例";"我们的国家大,各地政治、经济、文化发展很不平衡,只靠中央搞个决定、指示或者国家立法,一刀切,事实证明是不够的。法律的实施细则,全国性的由国务院制定,地方性的由省级人大和人大常委会制定"[②]。自1985 年六届全国人大第三次会议授权国务院在经济体制改革和对外开放方面可制定暂行的规定或其他条例之后,中央和地方开始颁布大量的试行法律法规。因为这种立法活动,解决了法治建设过程中"既破又立"的两难局面:一方面要尽可能避免因立法程序带来的制

---

① 《邓小平年谱》(1975-1997),中央文献出版社 2004 年版,第 768—769 页。
② 《彭真文集》,人民出版社 1991 年版,第 512—513 页。

度转变迟缓,另一方面法治建设的目标之一就是要进一步规范立法程序。实际上试行立法是掌握了不完全信息的立法者通过试行而积累信息要素,同时根据实际不断修正从而达到预期目标的一种"试错"机制,这种机制并不损害法律权威,反而可以实现立法的指引作用,通过分散的制度和政策实践为全局性的政策推行做准备,产生带动和辐射效应,由此降低了制度变迁风险,增加了改革的可控性。

从另外一个角度看,在法律改革大方向不变的前提下,法律变动不会影响人们对法律的预期,反而能调动人们的积极性,使人们敢做过去不敢做的事情。例如,七十年代末期以来,中国法律和政策出现了一种频繁的、不断的变化,这种频繁变化的实质,是对人们行为管制和约束的逐步放松,对人们经济自由的控制放松了,给人们的自由空间更多了。从 1979 年到 1983 年,中国关于农业和农村经济问题的决定经历了 3 次重大变化,其结果是国家对于农村经济的态度基本实现从禁止农民包产到户到承认和支持家庭联产承包责任制的历史性转变,进而解放了社会生产力,农民生产的积极性空前高涨,增加了社会活力。

第二节　取得的成就和待完善之处

一、法律制定方面形成中国特色社会主义法律体系

改革开放以来,中国共产党根据经济体制改革和社会主义现代化建设需要,加快立法主导的社会主义法治建设,着力推进各个领域立法工作,形成了中国特色社会主义法律体系,基本解决了"有法可依"的问题。在此过程中,正如习近平总书记所说:"改革开放以来,我们党开始以全新的角度思考国家治理体系的问题"①,党的

---

① 习近平:《完善和发展中国特色社会主义制度推进国家治理体系和治理能力现代化》,《人民日报》2014 年 2 月 18 日第 1 版。

法律思想也根据实践不断发展和进步。

"文革"结束，中国共产党提出："人治和党治是阻碍国家健康发展的错误"；"不要社会主义法制的民主，绝不是社会主义民主"，"民主必须制度化、法律化"；"从制度上保证党和国家政治生活的民主化、经济管理的民主化、社会生活的民主化"，"有法可依、有法必依、执法必严、违法必究"等法治思想。此时，百姓也渴望安定和秩序，因此建立法律制度成为党和人民的共同选择。中国共产党历来有根据实践需要制定法律的传统，而改革开放初期中国国内外的形势决定法治建设只能以立法为主导。此阶段，法治建设的重点是通过重订宪法、刑法等以保障安定团结，初建经济法律制度以发展国民经济。

党的十四大提出："我国经济体制改革的目标是建立社会主义市场经济体制，以利于进一步解放和发展生产力"；中国正处于社会主义市场经济建设进程中，必须把市场经济纳入法制轨道。市场经济是平等主体之间自由竞争、自主发展的经济，必然要求规范的法律来进行调整。中国共产党的法律思想也由此实现从"法制"向"法治"的飞跃，中国共产党提出"依法治国，建设社会主义法治国家"的基本方略和建设社会主义法治国家的目标：要建立和完善适应市场经济的法律体系；加强和完善行政执法；推进司法改革；提高全民族的法制意识和观念等。此阶段，法治建设的重点是一方面是通过健全经济法律制度以创造市场经济所需环境；另一方面是通过完善行政法、刑法等规范公权力行使，保障经济体制改革顺利进行。

进入新世纪后，中国进入了战略机遇期和矛盾凸显期并存的阶段，为了抓住机遇和应对挑战，中国共产党在将中国特色社会主义事业全面推向21世纪进程中，进一步贯彻落实依法治国，确立了依法执政基本方式。党的法治思想在"坚持依法治国的基本方略"的基础上进一步发展为"坚持依法治国的基本方略，坚持依法执政的基本方式"，不仅标志着党的领导方式和执政方式的深刻变革，也标志着党的实现了依法治国、依法执政与加强党的执政能力建设的统一。法治也与全面建设小康社会、构建和谐社会和科学发展观紧密联系起来。此阶段法治建设重点是一方面继续完善行政法、刑法等以进一步规范公权行使；另一方面强调维护公正的社会立法。

2011 年 10 月，国务院新闻办公室发布《中国特色社会主义法律体系》白皮书，宣布中国特色社会主义法律体系形成：以宪法为核心，以法律为主干，包括行政法规、地方性法规等规范性文件在内的，由七个法律部门（宪法及宪法相关法、民法商法、行政法、经济法、社会法、刑法、诉讼与非诉讼程序法）、三个层次法律规范构成，是一个部门齐全、层次分明、结构协调、体例科学的统一整体。至此，国家经济、政治、文化、社会生活的各个方面基本做到了有法可依。

二、法律实施方面取得的成效

在中国特色社会主义法律体系不断形成的过程中，法律实施的执法、司法和守法等方面也取得了积极成效。执法方面，依法行政得到确立并全面推进，行政法律体系不断完善，法治政府的制度体系基本形成，行政职能向服务型政府转变，行政权力监督机制和制度不断完善，行政人员的依法行政意识和能力明显提高。司法方面，司法制度不断完善，全面深化司法体制改革不断深入，司法权力配置进一步优化，司法队伍意识和素质不断提高，司法公信力显著增强。守法方面，全社会法制意识培育不断深入开展，全社会的法治意识不断增强，学法尊法守法用法的社会氛围不断浓厚。具体而言：

行政执法方面，我国经历了从"管理"到"执法"的转变。关于"行政"的具体含义，战国时期的《纲鉴易知录》就已有表述："召公、周公行政"，这里指的是国家事务管理①。《汉语大词典》的释义有二：执政并管理国家事务；国家机关、企业、社会团体等组

---

① 夏书章主编：《行政管理学》，山西人民出版社 1985 年版，第 1 页。

织的内部管理①。可见"管理"的确是行政的题中之意②。由于行政权具有命令性、强制性的特点，人们逐渐形成了"行政就是管理，行政就是强制"③的管理理念。但是现代行政要义是执法，不再是管理。执法是指行政机关执行和适用法律法规、保障行政相对人的权利和义务、确保行政相对人依照法律法规行为的行政行为④。"行政管理"以命令、控制或者限制的手段单方面推进行政目的的实现，成本高，效果不佳⑤。与此不同，"行政执法"的本质特征在于依据法律⑥，以服务为本位。中国行政也经历了从"管理"到"执法"的转变。新中国成立初期建立了高度集中的计划经济体制，在此体制下形成了以管理为主的行政体制，在当时特定的历史条件下，政府行政强调管理是必要的，因为可以集中力量办大事。党的十一届三中全会以后，随着社会主义民主法治建设的加快推进，党和政府行政理念的不断深化，行政法律制度的不断完善，行政的主要环节逐步纳入法律轨道，行政中"管理"色彩逐渐褪去，"执法"开始走上历史舞台。随着依法行政的确立和推进，中国行政执法工作取得了长足进步，对经济社会发展起到了积极促进作用。

司法方面，我国司法体制改革取得巨大成效。司法是国家司法机关按照法定授权，依据法定程序，通过法律适用进行案件处理的专门活动⑦，包括司法体制、司法制度、司法主体，司法权力来源，

---

① 罗竹风主编：《汉语大词典》，汉语大词典出版社2000年版，第915页。

② ［俄］波巴瓦伊：《苏维埃行政法总论》，法律文献出版社1982年版，第1页；［俄］瓦西林科夫主编：《苏维埃行政法总论》，姜明安等译，北京大学出版社1985年版，第1—4页；［德］平纳特：《德国普通行政法》，朱林译，中国政法大学出版社1999年版，第15页。

③ 范进学、夏泽祥、秦强：《法治文明论》，中国经济出版社2008年版，第169页。

④ 沈荣华：《现代行政法学》，天津大学出版社2003年版，第157—161页。

⑤ 王卓君、张治宇：《"双服务"理念下的行政执法》，《行政法学研究》2004年第3期。

⑥ 姜明安：《论行政执法》，《行政法学研究》2003年第4期。

⑦ 张文显：《法理学》，高等教育出版社、北京大学出版社2007年版，第276页。

以及影响司法制度设计、司法权力运行的司法理念、法治文化和社会环境等①。正义是司法的基本原则和价值理念②。从"司法"一词本身的含义来说，司法权的运行就是法律适用③，目的在于把静态的法律应用于动态的司法实践当中，把写在纸上的法律贯彻落实在活生生的现实生活之中④，是法律实施的重要组成部分。新中国成立后，司法制度经历了建立—遭受破坏—恢复重建—改革四个阶段的发展进程。1949 年 2 月，中共中央《关于废除国民党的〈六法全书〉》与确定解放区的司法原则的指示》中明确提出，人民的司法工作应当以人民的新的法律作依据⑤；1949 年 9 月《共同纲领》明确我国的司法是人民司法。随后，国家的司法机构、司法制度逐步建立健全。1956 年 9 月刘少奇在党的八大上提出了公检法三部门必须贯彻执行分工负责和互相制约的制度⑥。1952 年 6 月至 1953 年 2 月我国开展司法改革运动，促进了司法机关的思想、组织和作风建设，但是，从 1957 年到"文革"结束，中国法制建设遭遇挫折，制度受到破坏。"文革"以后，我国的司法建设进入了恢复与重建的历史新时期，1978 年 5 月开始的真理标准问题大讨论，为司法体制的恢复奠定了思想基础。十一届三中全会上，邓小平提出加强检察机关和司法机关⑦。1978 年 5 月 24 日，中共中央发出通知，要求根据宪法规定，重新设置人民检察院，并恢复了公检法三机关互配合、相互制约的工作原则。1979 年的《关于坚决保证刑法、刑事诉讼法切实实施的指示》中明确要保证司法机关独立行使职权，这是党的

---

① 范愉、黄娟、彭小龙编：《司法制度概论》（第 2 版），中国人民大学出版社 2013 年版，第 7 页。

② 郭道晖：《法的时代挑战》，湖南人民出版社 2000 年版，第 524 页。

③ 付子堂主编：《法理学初阶》，法律出版社 2009 年版，第 249 、264 页。

④ 王胜俊：《法律体系形成与人民法院的历史使命》，《人民法院报》2011 年 9 月 8 日。

⑤ 《中共中央文件选集》（第十八册），中共中央党校出版社 1989 年版，第 150 页。

⑥ 《刘少奇选集》（下卷），人民出版社 1985 年版，第 253—254 页

⑦ 《邓小平文选》（第二卷），人民出版社 1994 版，第 146 页。

历史上第一次确立了党对司法工作领导的基本原则与工作机制。随着中国经济社会的不断发展，司法也随之进行改革。党的十三大之后，我国司法改革逐步启动，重点是对法院审判方式的改革；十五大后开始了同步推进人民法院和检察院改革；十六大提出推进司法体制改革。2003 年 5 月，中央司法体制改革领导小组成立。2004 年领导小组发布了《关于司法体制和工作机制改革的初步意见》。十七大提出司法体制改革的目的是为了建设公正高效权威的司法制度，对人民法院和人民检察院的改革进行了全局性、整体性规划，改革措施指向司法工作的体制机制问题。2008 年 11 月，中央政治局审议并原则同意了《关于深化司法体制和工作机制改革若干问题的意见》。至此，我国的司法体制已较完备。

守法方面，全社会法制意识培育取得明显成效。守法是立法、司法和执法的出发点和落脚点[1]，包括对法律的服从、运用、信仰和批判[2]，是法治实施体系建设中的重要一环。亚里士多德讲过，法律应该受到来自全社会的尊重，从而树立至上的权威，全社会都应该在法律规定的范围内自觉行为，任何人不得侵犯法律[3]。守法，即法的遵守，全社会中的每个人不遵守法律就必须接受它的制裁[4]。在法律制定以后，受社会服从文化和社会道德的影响，守法逐渐成为公民的内在惯性，遵守法律法规也变成一项社会成员的人的基本道德义务。但是，从守法的根本价值取向来看，守法应当是公民具有法律意识，从思想上认可法律的价值，主动遵守法律并且信仰法律，即法律只有被法律关系主体主动接受，才能内化为法律关系主体的守法行为。中国共产党历来强调遵法、守法的重要性。法治意识最

---

① 夏瑜杰：《当代中国守法问题研究》，南京大学博士论文，2012 年。

② 占茂华：《法理学视角下的守法概念解读》，《湖南社会科学》2013 年第 1 期。

③ 梁治平：《法辩—中国法的过去、现在与未来》，贵州人民出版社 1992 年版，第 98 页。

④ ［英］洛克：《政府论》（下篇），叶启芳、瞿菊农译，商务印书馆 1962 年版，第 59 页。

重要的是宪法意识，而宪法意识是宪法实施的基础。1954 年 6 月，毛泽东曾强调："宪法通过以后，每个人都要实行宪法，国家机关工作人员更要带头实行宪法"①。董必武提出："对于宪法和法律，我们必须带头遵守，并领导人民群众来遵守"②。叶剑英在 1978 年五届全国人大第一次会议上指出："要保证宪法的原则精神和具体条文规定全部得到实施"③。1980 年 12 月，邓小平在中央工作会议上指出："全党同志和全体干部都要按照宪法、法律、法令办事"④。1983 年，彭真在八二宪法颁布一周年后指出："今后要进一步做好宪法实施，严格按照宪法原则和规定办事"⑤。1997 年 9 月 12 日，江泽民就党和宪法法律的关系指出："党必须在宪法和法律范围内活动"⑥。2002 年 12 月 4 日，胡锦涛指出："实行依法治国的基本方略，首先要全面贯彻实施宪法"，"各级国家行政机关、审判机关和检察机关都要坚决贯彻宪法"⑦，2007 年，他在党的十七大上强调要加强宪法和法律实施，维护社会主义法制的统一、尊严、权威⑧。2012 年 12 月 4 日，习近平总书记指出："宪法的生命和权威在于实施，必须坚持不懈地抓好宪法实施，将全面贯彻实施宪法推进到一个新水平"⑨；在现代社会中，公民信仰中包含法律信仰⑩。公众内心对法

---

① 《毛泽东文集》（第六卷），人民出版社 1999 年版，第 328 页。

② 《董必武政治法律文集》，法律出版社 1986 年版，第 336 页。

③ 叶剑英：《关于修改宪法的报告》，人民出版社 1978 年版，第 41 页。

④ 《邓小平文选》（第二卷），人民出版社 1994 年版，第 253 页。

⑤ 彭真：《进一步实施宪法，严格按照宪法办事——纪念宪法颁布一周年》，《中国法学》1984 年第 1 期。

⑥ 《江泽民文选》（第二卷），人民出版社 2006 年版，第 29 页。

⑦ 胡锦涛：《在首都各界纪念现行宪法公布实施 20 周年大会上的讲话》，《人民日报》2002 年 12 月 5 日第 1 版。

⑧ 胡锦涛：《在中国共产党第十七次全国代表大会上的报告》（2007 年 10 月 5 日），《十七大报告辅导读本》，人民出版社 2007 年版，第 30 页。

⑨ 习近平：《在首都各界纪念现行宪法公布实施 30 周年大会上的讲话》，《人民日报》2012 年 12 月 5 日第 2 版。

⑩ 许章润：《法学公民与知识英雄》，《法制日报》2002 年月 1 日第 11 版。

律的认同和服从是法律实现的根本基础①，如果没有公民主体上对法律的认可和服从，无论法律制度设计多么精巧，法治实施的效果都不会达到预期，法治意识需要信仰法律②。中国开展全民普法活动培养公民法治意识，取得了重要成效③，公民自觉遵守法律的意识得到极大提高，各级领导干部的法治思维不断提升。

三、法律实施方面待完善之处

改革开放短短三十多年，以立法为主导的法治建设卓有成效。但正因为时间短暂，在法律实施方面，某些人的法律观念和部分相关的法律配套机制相对滞后于法律制度建设。因为要使得人们的法律观念和行为习惯适应新建立起来的法律制度，或者说使新建立起来的法律制度去引领和塑造人们的法律观念和行为习惯，都需要一个长期的过程；另外，除了立法，法律要得以在现实中贯彻施行还需要其他的配套的体制和机制（即法律实施，一般包括执法、司法和守法三个层面），而这些任务往往也很难在短时间内就得以健全。

中国目前的行政执法还有待进一步规范：一是执法不严格。例如，执法拖延、执法不连续、运动式执法、执法不作为、执法乱作为等现象屡见不鲜。二是执法不规范。违反行政执法程序、滥用行政自由裁量权、执法信息公开不够等也比较普遍。三是执法不公正。同案不同罚、权钱交易、权色交易甚至"钓鱼执法"也往往成为舆论热点④。四是执法不文明。执法手段单一，执法粗暴等，致使暴力

---

① 蒋熙辉、李师伟：《建构具体法治的两个维度》，《法制日报》2002年12月9日 B2版。
② 蒋熙辉、李师伟：《建构具体法治的两个维度》，《法制日报》2002年12月9日 B2版；范愉：《法律则样被信仰》，《法制日报》2002年11月7日第11版。
③ 凌斌：《普法、法盲与法治》，《法制与社会发展》2004年第10期；季卫东：《普法随谭》，《清华法学》第11辑"普法研究"专辑，清华大学出版社2007年版；张明新：《对当代中国普法活动的反思》，《法学》2009年第10期。
④ 姜明安：《行政法与行政诉讼法》，北京大学出版社、高等教育出版社1999年版，第48页；沈荣华：《现代行政法学》，天津大学出版社2003年版，第160页；桑本谦：《"钓鱼执法"与"后钓鱼时代"的执法困境》，《中外法学》2011年第1期。

抗法现象屡见不鲜①，如在全国各地发生的群体性事件中，城管执法类占三分之一②，"城管"几乎成为暴力执法的代名词，而且事件发生后民众支持城管执法人员的相对较少③。行政执法问题的原因主要有四个方面：一是理念培育滞后于制度建设。经验表明，行政执法建设有其自身逻辑，即从政府执法理念创新到政府执法体制变革再到政府执法行为规范④。因此，如果只是单纯进行行政体制改革、行政法律体系建设，在理念上没有建立或没有根据社会发展需要进行相应的转变，那么行政执法建设就会失去根本，执法理念上就会缺乏依法行政的意识和执法正义⑤。二是权力配置有待进一步理顺。实践中存在执法主体职责不清、权限不明、职能交叉等问题，导致某些情况下重复执法或无人执法。有时执法权与事权不匹配。三是程序不完善。有关行政执法程序的规定分散于一些实体法中，行政征收、行政检查等大部分领域的执法程序尚未进行法律化规定。四是监督机制不健全。"对权力的监督，核心是对行政权的监督"⑥。目前中国行政执法监督体制涉及人大、司法部门、行政部门等监督主体，各监督主体的职能界定还不十分清楚；此外，还存在执法力量配置⑦和经费保障不足等问题。

中国目前司法体制还有待进一步健全：一是司法管理体制不完善。在我国现有司法管理体制下，人民法院、人民检察院在人财物

---

① 王建伟、周越：《公安文明执法建设问题研究》，《行政与法》2004 年第 3 期。

② 龙江：《对当前行政执法引法群体性事件的调查与思考》，《理论与当代》2012 年第 3 期。

③ "城管综合执法状况研究"课题组：《西安市临潼区城管综合执法状况观察报告》，《法学》2009 年第 6 期。

④ 李德峰、周伟科：《论行政执法的精神追寻—兼论我国行政执法理念的创新》，《行政与法》2008 年第 11 期。

⑤ 李海滢、王立峰：《执法正义：法治政府的价值理念》，《社会科学研究》2012 年第 5 期。

⑥ 孙聚高：《法治政府论》，《广东行政学院学报》2001 年第 4 期。

⑦ 宋志刚：《城管来了》，北京理工大学出版社 2011 年版。

等方面都需要地方党政机关的支持，在案件受理、审理和判决的整个司法过程中易受各级地方党政机关的干预，在人事任命方面也受限，很难做到严格按照法律真正独立行使审判权、检察权，出现司法地方化趋势。正如肖扬所讲，司法地方化会影响国家法制统一和独立审判者这两项重要宪法原则的实现，也会威胁社会主义法治原则①。地方化单向性物质与人事双重依赖结构是当今中国司法权地方化的成因②。二是权力运行机制不健全。司法权力运行机制是包含司法权配置、运转以及监督等的机制和制度体系，是一种司法权力运行的过程③。目前司法权力运行机制不健全外在表现为：立案难，一些法院要求当事人提供被告营业执照等非法律规定的立案材料；有些法院在立案前强制设置调解程序；过分强调结案率指标等。诉讼难，从诉讼基本原理来看，侦查、起诉的目的都是为了给法院公正审判提供证据④，但实践中"分工负责、相互配合、相互制约"的公检法工作原则在实践中往往强调配合，而忽视制约，导致"流水线作业"的构造⑤，这使得以公安侦查为中心，法院审判职能被边缘化。执行难。比如：被执行人通过躲避、抗辩，甚至暴力抗拒等方式，拒绝接受裁决，等等。三是监督制度不完善。人大对司法的监督力度不够，监督手段单一。司法系统内部监督职能未充分发挥，检察院对公安的监督不完善。媒体舆论监督亟须规范，一些新闻媒体为了追求社会关注度，随意报道、恶意炒作某些正在办理中的案件，引导社会舆论，影响司法独立。四是群众参与司法程度不高。

---

① 肖扬：《法院、法官与司法改革》，《法学家》2003 年第 1 期。

② 谭世贵、梁三利：《构建自治型司法管理体制的思考—我国地方化司法管理的问题与出路》，《北方法学》2009 年第 3 期。

③ 汪习根：《司法权力论——当代中国司法权力运行的目标模式、方法与技巧》，武汉大学出版社 2006 年版，第 111 页。

④ 陈光中等：《中国司法制度的基础理论问题研究》，北京经济科学出版社 2010 年版，第 7 页。

⑤ 陈瑞华：《从"流水作业"走向"以裁判为中心"——对中国刑事司法改革的一种思考》，《法学》2000 年第 3 期。

中国建立了一系列的制度以保障人民群众参与司法活动，如人民陪审员制度、司法调解制度、人民监督员制度等，但目前人民群众参与司法活动的参与程度还需进一步的提高，比如，人民陪审员制度，存在人民陪审员人数少、选任标准不规范、"精英化"倾向等问题；人民陪审员履职能力有待提高；司法调解制度片面追求调解率指标等。

中国目前全社会守法的自觉意识和自觉行动还需加强，原因在于：一是法治教育缺乏实效性。过于重视法律专门知识、理论、方法与技能的教育和考核，据有关调查数据显示，认为中国宪法实施效果"好"的人仅占被调查者的5%[①]。在一定程度上，缺乏对受教育者法律人文素养与法律职业素养的培育。从教育的对象看，从我国普法活动历史中可以看出，全民普法活动的对象包含全体公民，很少明确重点对象。从宣传教育材料看，普法材料摘编的禁止性法律条款多，关于公民权利和义务的条款较少，有的地方和部门材料中条款多，案例少，没有兼顾到受教育水平不高的群众的接受能力。二是普法宣传存在不足。考核指标不合理，缺少对实际宣传效果进行考核的指标。普法评估办法不尽科学，过于重视考试。普法责任方面，存在具体责任分工不细、情况上报不及时等问题，缺少责任追究；普法宣传一直沿用知识竞赛、开会教育、开卷考试等传统形式，手段较为单一，缺乏创新；普法宣传教育实际上主要由行政部门和司法部门具体负责，但各部门之间缺少有效沟通配合，没有形成合力等。三是诚信体系建设不完善。诚信是社会秩序稳定和发展的重要基石，法律是社会诚信建立的重要保障，如我国《宪法》《刑法》《民事诉讼法》《消费者权益保护法》等相关的条文都间接体现了社会诚信。但是，目前中国还存在社会诚信体系建设不完善的问题。中国社科院发布的《中国社会心态研究报告2012-2013》

---

① 韩大元、王德志：《中国公民宪法意识调查报告》，《政法论坛（中国政法大学学报）》2002年第6期，第116页。

中指出了中国社会中目前社会诚信缺失呈现出社会失信高发频发、覆盖面广、手段难辨识、危害大的特点。四是公民道德建设欠缺。美国法学家霍姆斯认为："法律是我们道德生活的见证和外在积淀"①，道德评价标准无论是对个人道德品质的形成，还是对全社会道德风气的改善、全社会个体关系的协调，都具有重要的积极作用②，正如康德所说："人类行为在道德上的善良，并不因为出于直接爱好，更不是出于利己之心，而是因为出于责任"③。早在 2001 年颁布的《公民道德建设实施纲要》就指出社会部分领域还存在道德示范现象：道德评价主流标准弱化、责任缺乏、情感冷漠等，如，面对被歹徒伤害的受害人、面对由于扶了摔倒的老人而遭到勒索的好人，很多人采取了围观的方式，见义"不为"，梯利说过："一个人没有同情心，那么他不应被看作是一个有道德的人，相反是一个没有道德的人"④。

---

① [美] 奥利弗·温德尔·霍姆斯：《霍姆斯读本：论文与公共演讲选集》，刘思达译，上海三联书店 2009 年版，第 14 页。

② 罗国杰主编：《伦理学》，人民出版社 2007 年版，第 403 页。

③ [德] 康德：《道德形而上学原理》，苗力田译，上海人民出版社 2005 年版，第 99 页。

④ [美] 弗兰克·梯利：《伦理学导论》，何意译，广西师范大学出版社 2002 年版，第 177 页。

第七章　从"立法"到"实施"
——以立法为主导的法治建设的战略转型（2012 至今）

　　党的十八大以来，以习近平总书记为核心的党中央深刻把握国内发展态势，综合考量国际社会局势，逐步完善和深化了关于治国理政顶层设计的认识，提出了全面建成小康社会、全面深化改革、全面依法治国、全面从严治党的"四个全面"的战略布局。十八届四中全会以全面推进依法治国为主题，提出建设中国特色社会主义法治体系、法治建设的"新十六字方针"和强调"高效的法治实施体系建设是中国特色社会主义法治体系的核心"等论断，标志着中国共产党领导的法治建设将从以立法为主导的法律制度体系建设向以宪法法律实施为重点的法治实施战略转型。

第一节　背景及标志

一、全面依法治国成为"四个全面"战略布局之一

　　为了完成实现"两个一百年"、实现中华民族伟大复兴的中国梦的战略目标和任务，以习近平总书记为核心的党中央提出了"四个全面"的战略布局：全面建成小康社会，全面深化改革，全面依法治国，全面从严治党的"四个全面"相辅相成，是在坚定发展中国道路、优化中国模式、总结中国经验的进程中提出来的，充分体现了党中央对共产党执政规律、社会主义建设规律和人类社会发展规律的深刻总结和科学把握[①]。

---

　　① 张副军、程恩富：《在落实"四个全面"中完善中国道路与中国模式》，《思想理论教育导刊》2015 年第 4 期，第 50 页。

党的十八大以来，以习近平总书记为核心的党中央全面推进依法治国，对依法治国进行了决策部署和顶层设计，提出了许多新观点、论断和要求，丰富和发展了中国特色社会主义法治理论，比如：建设"法治中国"；依法治国在党和国家工作全局中的地位更加突出、作用更加重大①，以法治推动国家治理体系和治理能力现代化；依宪治国、依宪执政，强调维护宪法权威，保证宪法实施；党的领导和社会主义法治建设是统一的，关键是要处理好两个关系：一是党的政策和国家法律的关系②、二是坚持党的领导和司法机关独立行使职权的关系；"一个共同推进"即必须坚持依法治国、依法执政、依法行政共同推进；"一个一体建设"即坚持法治国家、法治政府、法治社会一体建设③；"建立科学的法治建设指标体系和考核标准"④；"凡属重大改革都要于法有据。在整个改革过程中，都要高度重视运用法治思维和法治方式，发挥法治的引领和推动作用，加强对相关立法工作的协调，确保在法治轨道上推进改革"⑤，等等。2014年10月，党的十八届四中全会通过的《中共中央关于全面推进依法治国若干重大问题的决定》提出："全面推进依法治国，总目标是建设中国特色社会主义法治体系，建设社会主义法治国家"⑥，标志着中国共产党法治建设思想的又一次深化，达到了新的历史高度，成为依法治国的新的里程碑。无论是全面建成小康社会目标的实现，

---

① 习近平：《关于〈中共中央关于全面推进依法治国若干重大问题的决定〉的说明》，《人民日报》2014年10月29日第2版。

② 习近平总书记在中央政法工作会议上的讲话，新华网，2014年01月08日。

③ 鹿心社：《弘扬法治精神建设法治政府：学习习近平总书记关于法治建设的重要论述的思考》，《求是》2014年第17期；胡锦光：《习近平法治思想内涵解读》，《人民论坛》2014年第28期；李林：《习近平法治观八大要义》，《人民论坛》2014年第33期；吴传毅：《习近平法治思想的基本架构》，《中共福建省委党校学报》2014年第8期。

④ 《中共中央关于全面深化改革若干重大问题的决定》，人民出版社2013年版。

⑤ 习近平总书记在中央全面深化改革领导小组第二次会议上的重要讲话，新华网，2014年02月28日。

⑥ 《中共中央关于全面推进依法治国若干重大问题的决定》，人民出版社2014年版。

还是全面深化改革、全面从严治党举措的落实，都必须依托于全面依法治国①:

全面依法治国是全面建成小康社会的关键内容。法治是现代文明的标志，良好的法治环境本来就是小康社会的题中之意。全面建成小康社会为使广大人民拥有"更好的教育、更稳定的工作、更满意的收入、更可靠的社会保障、更高水平的医疗卫生服务、更舒适的居住条件、更优美的环境"②等，根本上需要法治的力量。法治"是综合改革分歧、最能为各界所认同的最大共识"③，这就为人们的行为提供了规范指引，确保大家在全面建成小康社会的过程中理性选择行为路径。同时，法治也通过法律化、制度化的方式保障公民的主体地位和权利，因为从"政策议程的设定到政策的执行，都应有公民的参与"④。

全面依法治国为全面深化改革提供保障。改革经过三十年，已经进入深水区，难以解决的都是牵动全局的敏感问题和重大问题。2012年12月，习近平总书记在广东考察时指出:"我们要坚持改革开放正确方向，敢于啃硬骨头，敢于涉险滩，既敢于冲破思想观念的障碍，又勇于突破利益固化的藩篱"。党的十八届三中全会提出全面深化改革，是要紧紧围绕使市场在配置资源中发挥决定性作用来深化改革，减少政府对微观经济活动的直接干预，加快建设统一、开放、竞争有序的市场体系，建立公平开放透明的市场规则⑤，全面依法治国为全面深化改革提供保障。过去有种错误的观点，即改革

① 周叶中:《论全面依法治国在"四个全面"战略布局中的地位与作用》,《观察与思考》2016年第4期。
② 习近平:《促进共同发展，共创美好未来》,新华网,2013年6月6日。
③ 张红:《中国梦是法治梦，以法治凝聚改革共识》,《人民论坛》2013年第27期。
④ [美]佩特曼:《参与和民主理论》,陈尧译,上海世纪出版社2006年版,第8页。
⑤ 辛向阳:《习近平全面深化改革思想的鲜明特征》,《探索》2014年第5期。

可以突破宪法和法律①，其实十八届四中全会是对三中全会战略部署的深化，体现了破与立的辩证统一：十八届三中全会的关键词是"改革"，改革就是变更、革新不合理的旧体制、旧事物，相对来说，体现的是"破"；十八届四中全会的关键词是"法治"，要建设法治国家、法治政府、法治社会，相对来说，体现的是"立"。当然，改革过程中有破也有立，法治建设中也有立也有破②，改革需要法治作为保障，法治必须紧跟改革的步伐，二者以"坚持重大改革都要于法有据"得以统一。

全面依法治国为全面从严治党提供支撑。全面从严治党强调从党的思想建设、组织建设、作风建设、反腐倡廉建设和制度建设等领域加强党的自身治理，其实质就是广大党员干部要严格按照宪法、法律、党内法规规范自身行为。全面依法治国有利于在党员干部中弘扬社会主义法治理念，促进其法治意识和法治思维的加强，使其带头遵守法律、带头依法办事。另外，完善的党内法规体系是中国特色社会主义法治体系五大体系之一，全面依法治国也有利于不断完善和强化党内法规体系，推进党的各项制度的健全，从而使全面从严治党有更坚实的支撑和保障。

二、党的法治思想向体系化发展且更重视法治实施

全面推进依法治国是一项系统工程，既需要进行顶层设计、统筹谋划，也需要总揽全局、牵引各方的总抓手，党的十八届四中全会明确，这个总抓手就是建设"中国特色社会主义法治体系"，这标志着党的法治思想向体系化发展。

中国特色社会主义法治体系包括完备的法律规范体系、高效的法治实施体系、严密的法治监督体系、有力的法治保障体系和完善

---

① 李林：《在法治轨道上推进全面深化改革》，《人民日报》2014 年 10 月 22 日第 7 版。

② 汪文庆：《法治是中国共产党的必然抉择——访中共中央党史研究室主任曲青山》，《中共党史研究》2014 年第 12 期。

的党内法规体系①"五大体系"。完备的法律规范体系是法治体系建设的前提和基础，因为法律是治国之重器，良法是善治之前提。高效的法治实施体系是法治体系建设的核心，因为法律的生命力在于实施，法律的权威也在于实施，如果宪法法律的规定不能在社会实践中得到实现，法律规定就会成为空文，法治实施体系涉及执法、司法、守法各个层面，是推进建设法治国家、法治政府、法治社会和推进依法治国、依法执政、依法行政建设的重要依托。严密的法治监督体系是法治体系建设的重要组成部分，因为没有监督的权力必然导致腐败，而且立法效果、法治实施效果都离不开监督，只有加强监督，才能将法治体系建设落到实处。有力的法治保障体系是法治体系建设的保障要素，能够为完善法律规范体系、实施体系和监督体系建设提供支持服务，保障法治体系有效运行、发挥功能。完善的党内法规体系是法治体系建设的根本保证，因为党的领导是中国法治建设的最根本保证，党带领人民制定法律、带头遵守法律、确保法律实行，必须做到党要执纪从严②，约束公权力，进而时刻保持忧患意识③，实现党在宪法法律规定范围内不断提升执政能力，推进依法治国。

高效的法治实施体系是法治体系建设的核心。党的十八大以来，以习近平总书记为核心的党中央提出了关于法治实施的一系列新论断、新要求：2012 年 12 月 4 日，习近平总书记在纪念中华人民共和国宪法公布施行 30 周年的讲话中强调要切实增强宪法意识，推动全面贯彻实施宪法："宪法的生命在于实施，宪法的权威也在于实施。我们要坚持不懈抓好宪法实施工作，把全面贯彻实施宪法提高到一

---

① 《中共中央关于全面推进依法治国若干重大问题的决定》，人民出版社 2014 年版。

② 详见作者发表的文章：李中天：《党的纪检工作领导体制的发展和完善》、《云南行政学院学报》2015 年第 3 期。

③ 详见作者文章：李中天：《论保持和增强党的忧患意识》，求是杂志社、中国延安干部学院第四届党性论坛会议论文。

个新水平"①；2012 年 12 月 5 日，他在会见第二炮兵第八次党代会代表时的讲话中提出："加大依法治军、从严治军力度，坚持以纪律建设为核心，着力增强法规制度执行力，坚决杜绝有法不依、执法不严、违法不究的现象"；2013 年 1 月，他就做好新形势下政法工作指出："全国政法机关要深化司法体制机制改革，坚持从严治警，坚决反对执法不公、司法腐败，进一步提高执法能力"；2013 年 2 月23 日，他在中共中央政治局第四次集体学习时的讲话中指出："要加强宪法和法律实施，做到有法必依、执法必严、违法必究"；2014年 1 月 7 日，他在中央政法工作会议上的讲话中指出："现在，我们的工作重点应该是保证法律实施，做到有法必依、执法必严、违法必究。有了法律不能有效实施，那再多法律也是一纸空文，依法治国就会成为一句空话"；2014 年 9 月 5 日，他在庆祝全国人民代表大会成立 60 周年大会上的讲话中强调："加强和改进法律实施工作"，"坚决纠正有法不依、执法不严、违法不究现象，坚决整治以权谋私、以权压法、徇私枉法问题，严禁侵犯群众合法权益"；2014 年10 月 28 日，他在关于《中共中央关于全面推进依法治国若干重大问题的决定》的说明中指出："法律的生命力在于实施，法律的权威也在于实施"；"天下之事，不难于立法，而难于法之必行"；"如果有了法律而不实施、束之高阁，或者实施不力、做表面文章，那制定再多法律也无济于事"，"全面推进依法治国的重点应该是保证法律严格实施，做到'法立，有犯而必施；令出，唯行而不返'"。2016年 12 月，在第三个国家宪法日到来之际，他在《普及宪法知识增强宪法意识 弘扬宪法精神推动宪法实施》讲话中再次强调："宪法是国家的根本法，是治国安邦的总章程，是党和人民意志的集中体现。坚持依法治国首先要坚持依宪治国，坚持依法执政首先要坚持依宪

---

① 习近平：《在首都各界纪念现行宪法公布实施 30 周年大会上的讲话》，《人民日报》2012 年 12 月 5 日第 2 版。

执政"①。习近平总书记关于法治实施的论述，科学回答了建设高效的法律实施体系的方向性、根本性问题，具有深刻理论内涵和鲜明时代特征。

三、标志：法治建设新十六字方针凸显实施为主导

1978 年 12 月 22 日，党的十一届三中全会提出了"有法可依、有法必依、执法必严、违法必究"的法制建设十六字方针，"有法可依"成了当时国家法制建设的首要目标，在其指导下，2010 年中国特色社会主义法律体系形成，这是伟大的历史成就。但是"法贵必行"，不可否认的是，目前中国法治实施状况还不尽如人意，"有法必依、执法必严、违法必究"方面存在诸多不足，如前所述，社会上普遍宪法意识淡薄、宪法解释和监督机制不健全；行政机关执法不到位、不作为、乱作为屡见不鲜；司法不公也往往成为社会焦点；而公民法治意识不强、诚信缺失更是普遍存在，等等。另外，从法治发展的内在逻辑及世界范围法治国家建设的经验看，法律体系建立后，法治建设的重心应当由立法转移到法律实施上来，将制定的法律落到实处，充分发挥法律的效率价值。因此，加快法治实施体系建设是中国新时期法治建设和中国特色社会主义事业建设的客观要求。

2012 年 11 月，党的十八大报告中提出"科学立法、严格执法、公正司法、全民守法"的法治建设新十六字方针，这是对 1978 年提出的法制建设十六字方针的进一步发展和提升，其中"严格执法、公正司法、全民守法"均指向法律实施问题，突出了法律实施在法治建设中的优先地位。2014 年，党的十八届四中全会再次明确"科学立法、严格执法、公正司法、全民守法"是四位一体的，需要一体化建设。从法治运行的过程看，科学立法、严格执法、公正司法、全民守法具有全面推进与分别实施的有机统一关系：法治包含法律

---

① 习近平：《普及宪法知识增强宪法意识 弘扬宪法精神推动宪法实施》，新华网，2016 年 12 月 4 日。

的制定和已制定的法律得到普遍实施，立法是法治实践的起点，也是严格执法、公正司法、全民守法的基础，因为立法提供了制度化的规定，赋予了执法、司法的权力，也明确了公民的行为界限，也就是说，良法是善治的前提，所以要通过科学立法制定良法。法律制定之后，法律的精神和规定就要通过实施来实现，这就进入了执行的环节：从法律执行的主体看，包括严格执法和公正司法。严格执法是指政府依据法律有效规范社会生活，建立并有效的维持社会秩序，是建设法治政府的关键。习近平总书记指出："政府是执法主体，对执法领域存在的有法不依、执法不严、违法不究甚至以权压法、权钱交易、徇私枉法等突出问题，老百姓深恶痛绝，必须下大气力解决"。司法也是一种执行法律的活动，较之于行政执法，司法活动要解决的是纠纷与争议，体现出被动性和中立性。公正是司法的生命线，对社会公平正义具有引领作用。习近平总书记指出："我们提出要努力让人民群众在每一个司法案件中都感受到公平正义，所有司法机关都要紧紧围绕这个目标来改进工作，重点解决影响司法公正和制约司法能力的深层次问题。"最后，法律的权威源自人民的内心拥护和真诚信仰，人民权益要靠法律保障，法律权威要靠人民维护。法律只有得到全社会的普遍遵守，才能实现其价值和功能。

科学立法是建设高效的法律实施体系的基础和前提，良法制定之后，必须通过实施实现善治，因此严格执法、公正司法、全民守法是建设高效的法律实施体系的关键环节。

第二节 关于高效的法治实施体系的学理分析

一、法治实施体系的内涵和构成

法律实施就是法要发挥作用、取得实效，即法的"实现"。法的实施是一定法律后果发生的方式①，法律的尊严、权威及作用通过实施得到体现，换言之，法律要有实效性，即法的功能和作用实现的程度和状态，主要是强调一个实际结果的范畴，所展示的是一种事实②。"法律的门外汉常常觉得只要制订出法律，世上的一切全会发生变化。……可是即使制订出了法律，若现实中不具备法律的社会基础，现实中法律则只能部分实行，或者完全'行不通'"③。法治实施以法律实施为基础。关于法律实施的定义，苏联学者认为，法律实施是法权的生效和实行，是法权所制定的规定的实现④，全部社会主义法律规范的适用是其所体现的劳动者的意志在生活中的实现⑤。西方学者认为，法律实施是一定法律后果发生的方式⑥。国内学者普遍侧重于论述法的实施就是使法律规范转化为人的行为之意，认为法律实施是法律规范在社会生活中被人们实际贯彻于施行⑦；是将法律规范要求转化为人们的行为和现实关系的过程⑧；法律体系形成后的应有之义是实现法律，只有将法律体系中所包含的法律规范落实到现实社会生活中，被遵守、被适用、被执行，法律体系才具有真的意义⑨。由此可见，国内学者以往普遍使用"法律实施"这

---

① ［英］戴维·M·沃克：《牛津法律大辞典》，邓正来等译，光明日报出版社1988年版，第655页。

② 张文显：《法理学》，高等教育出版社、北京大学出版社2007年版，第105页。

③ ［日］川岛武宜：《现代化与法》，王志安等译，中国政法大学出版社1994年版，第137—138页。

④ 苏联科学院法学所：《马克思列宁主义关于国家与法权理论教程》，中国人民大学出版社1955年版，第498页。

⑤ ［苏］玛·巴·卡列等：《国家和法的理论》（下册），李嘉恩等译，中国人民大学出版社1956年版，第414页。

⑥ ［英］戴维·M·沃克：《牛津法律大辞典》，邓正来等译，光明日报出版社1988年版，第655页。

⑦ 夏锦文：《法律实施及其相关概念辨析》，《法学论坛》2003年第6期。

⑧ 孙国华主编：《法理学教程》，中国人民大学出版社1994年版，第411页。

⑨ 李亮：《法律体系到法治体系：从"建构理性主义"到"进化理性主义"以中共十五大到十八届四中全会政治报告为分析基点》，《甘肃政法学院学报》2014年第6期。

一提法，党的十八届四中全会提出的是"法治实施"的概念，其实二者在法治实施体系这一论域中的区别并不大，因为从应然的意义上讲，法治是以法律为基础的。再者，法治实施体系是使各种法律规范变为人们实践行为、确保立法目的得以实现的体系，其目的就是法律的实现。

关于法治实施构成，目前国内研究者对法治实施体系的具体构成尚未完全达成一致，有些学者侧重于从保障法治实施体系的角度来论述其构成，如：法律实施方式方法包括立法、执法和司法领域中的具体运作方法和保障系统①。法治实施是一个系统工程，需要解决法律的可实施性、法律实施必需的体制、执法与司法人员的素质能力、法律实施必要的执法和司法环境四方面问题②，涉及法律体系的严谨性、执行程序的法定性、救济渠道的畅通性、法治队伍的可靠性、普法教育的全面性等多个层面的法治要素③。由于法治实施以法律实施为基础，法律实施至少包含执法、司法和守法三个部分④，这三个部分实际上处于法治的同一个阶段，本质在于将法律规范运用于事实，因此法治实施体系包含此三方面是题中之意，周强曾指出："建设高效的法治实施体系需要全体公民和组织共同努力形成合力，必须深化执法司法体制改革，坚持严格执法公正司法"⑤。因此法治实施体系应包括：规范执法、公正司法、全民守法。

二、法治实施体系的前提和目标

法治实施体系建设的前提是进一步完备中国特色社会主义法律体系。法治建设新十六字方针中第一位是科学立法，党的十八届四

---

① 陈金钊、宋保振：《法治体系及其意义阐释》，《山东社会科学》2015 年第 1 期。

② 江必新：《怎样建设中国特色社会主义法治体系—认真学习党的十八届四中全会〈决定〉》，《领导科学论坛》2014 年第 22 期。

③ 贵州省中国特色社会主义理论体系研究中心省委党校基地：《中国特色社会主义法治体系子系统分析》，《理论与当代》2015 年第 1 期。

④ 沈宗灵主编：《法理学研究》，上海人民出版社 1990 年版，第 259 页。

⑤ 周强：《形成高效的法治实施体系》，《求是》2014 年第 22 期。

中全会也强调坚持立法先行。习近平总书记曾多次强调法律体系的重要性，指出："要以宪法为最高法律规范，继续完善以宪法为统帅的中国特色社会主义法律体系，把国家各项事业和各项工作纳入法制轨道"①。改革开放以来，中国形成了中国特色社会主义法律体系，这是伟大的历史成就。但不可否认，目前立法仍存在以下问题：第一，一直以来比较重视经济立法和行政立法，社会立法、文化立法、生态文明立法等，立法进程相对缓慢。第二，一些法律的严谨性有待提高，例如，一些法律制度规则系统不完备，有的法律制度只有原则性规定，而无具体制度，使得这些法律仅仅是宣示性条文；一些法律体系不配套或者不协调等。第三，一些法律法规已经滞后。改革开放以来，由于经济社会发生了深刻变革，许多法律法规已经滞后，所以现在修改完善法律成为我国立法机关每年的主要立法工作。第四，重点领域立法不够、引领作用有待加强。习近平总书记多次强调重大问题要于法有据，立法应主动适应改革和经济社会发展需要。党的十八届四中全会提出：必须坚持立法先行、发挥立法的引领和推动作用、抓住提高立法质量这个关键、深入推进科学立法和民主立法。这表明，党对立法工作现状做出了科学判断和对立法规律进行了准确把握，指出了新时期加强和完善立法工作的方向，有利于进一步夯实法治实施的基础，拓展法治实施的深度和广度，促进高效的法治实施体系的建设。

法治实施体系建设的直接目标是实现法律从规范到现实的转变。2014 年 10 月 28 日，习近平总书记在关于《中共中央关于全面推进依法治国若干重大问题的决定》的说明中指出："法律的生命力在于实施，法律的权威也在于实施"；"天下之事，不难于立法，而难于法之必行"；"如果有了法律而不实施、束之高阁，或者实施不力、做表面文章，那制定再多法律也无济于事"，"全面推进依法治国的

---

① 习近平：《在首都各界纪念现行宪法公布施行 30 周年大会上的讲话》，《人民日报》2012 年 12 月 5 日第 2 版。

重点应该是保证法律严格实施，做到'法立，有犯而必施；令出，唯行而不返'"。法律要体现其价值就必然要求其规定在各种社会关系中得到实现，也就是说法律的尊严、权威及作用是在实施过程中得到体现，否则就成了一纸空文。所以，只有使规范变成现实，才能发挥法律在规范维护秩序、配置资源和促进经济社会发展等方面的作用。

法治实施体系建设还应实现现有法律的效率价值。法律价值是一个多元体系，包括公平、正义、自由、安全和效率，人类历史上，价值往往因为不同主体和实践而发生变动[①]，在中国法治建设的今天，更应当强调法律的效率价值，因为效率作为法律的基本价值，也是评价、判断法律的主要尺度，是检测现有法律功效的标准，影响着法律的运作、实施、实现，推动着法律的发展和变革[②]。西方学者在此方面研究成果颇丰，如美国法学家庞德、博登海默等。国内学者也很早就开始了这方面的探讨，普遍同意效率价值是检验法律实效性的标准，可以推动法治进步[③]。值得一提的是，学界在论述法律效率价值的同时，往往会讨论"公平"与"效率"的辩证关系，目前较为统一的观点是"公平效率并重"，但是很少有学者从法治实施的角度研究法律的效率价值，只是有研究者从具体部门法的视角进行了一定研究[④]。笔者认为，法律实施使法律得到实现，法律制定

---

① ［美］E·博登海默：《法理学——法哲学及其方法》，邓正来等译，华夏出版社1987 年版，第 180 页。

② 唐馨敏：《我国法律价值理念模式分析——基于正义、秩序和效率的视域》，《法学研究》2011 年第 4 期。

③ 沈宗灵主编：《法理学研究》，上海人民出版社 1990 年版，第 260 页；顾培东：《效益，当代法律的一个基本价值目标》，《中国法学》1992 年第 3 期；张明乃：《论法学中的公平与效率》，《法学》1992 年第 3 版；公丕祥：《法律效益的概念分析》，《南京社会科学》1993 年第 2 期；张文显：《法学基本范畴研究》，中国政法大学出版社 1993 年版，第 273 页；李晓安：《法律效益探析》，《中国法学》1994 年第 6 期；万光侠：《效率与公平——法律价值的人学分析》，人民出版社 2000 年版，第 376 页。

④ 王军：《税法效率研究——税法供给需求的视角》，山东大学博士论文，2007 年；江涛：《民事诉讼效率研究——以程序设置为主要视角》，复旦大学博士论文，2011 年。

时所蕴含的公平、自由和安全价值同时也得到了体现，但是其实现程度和效果更多地体现为效率。再者从法律经济学视角分析，任何法律的实施，必然会消耗一定的社会资源，包括在执法、司法、守法方面的人、财、物投入的社会成本，因此，全面推进依法治国背景下，建设法治实施体系应在坚持公平、正义等价值的同时更加重视效率价值，侧重于：一是法律实现程度；二是法律实施的社会效果；三是法律实施中的资源配置效率。

第三节　建设高效的法治实施体系的政策建议

中国共产党领导的法治建设要从以立法为主导的法律制度体系建设向以宪法法律实施为重点的法治实施战略转型，建设高效的法治实施体系是关键，应当人人规范行政执法、理顺司法体制和提高守法意识方面实现高效的法治实施体系建设的整体协调推进。

一、进一步规范行政执法

要进一步实现行政从"管理"向"执法"转变，建议应当从以下方面入手：

第一，科学优化配置行政执法职权。横向上按照相同或相近职能适当集中的原则，进一步厘清行政执法主体的职责和权限，着力破解多头执法、无人执法问题，如在同一级政府层面，整合职权相同或相近的行政执法主体，将执行政执法的职能集中到综合机构；在食品药品安全、工商质检等适合综合行政执法的领域，合并组建综合行政执法机构，推行综合执法。纵向上，按照各级政府行政权和事权相匹配的原则。对于宏观经济调控、反垄断、国际贸易等涉及全国层面的领域，将行政执法权向国家层面集中，减少地方行政权力的不当干预；对食品药品、安全生产、公共服务、社会保障等地区差别较大的非宏观事务的行政执法权，应更多地向省级或县级政府配置。

第二，规范行政执法程序。一是完善行政执法程序立法。制定统一的行政执法程序法律，解决单行法、部门法无法解决的问题；按照标准化、流程化、精细化要求，重点围绕行政许可、行政收费等方面，对执法的环节和流程制定具体规定；完善执法调查取证制度、告知制度、听取陈述和申辩制度等，保障执法对象的知情权、表达权、参与权、监督权。二是健全行政裁量权基准制度。没有裁量的法律法规不可能适应个案的特有情况和具体现实环境的需要①，因此要进一步细化、量化行政裁量准则，并将行政执法主体自由裁量权纳入行政执法考核制度和责任追究制度。三是健全行政执法和刑事司法衔接机制。健全行政执法部门与公安机关、检察机关、审判机关的信息共享机制，建立联席会议制度、情况通报制度、案件移送制度等。四是加强行政执法信息公开。提高行政执法主体对信息公开重要性、及时性和明确性的认识，增强信息公开的主动性和积极性；完善信息公开制度，对信息公开的内容、方式、时限、意见接受反馈等进行具体规定；拓展信息公开渠道和载体，广泛推行网络服务平台、微信、微博等数字化渠道等。

第三，加强对行政执法的监督。"对权力的监督，核心是对行政权的监督"②：一是全面落实行政执法责任制。按照权责匹配原则，将职权和责任明确到具体部门、岗位和人员，实现执法权力与执法责任的层层分解与落实；进一步加强执法考评，按照依法、科学、有效、统一的原则，健全执法评议考核指标体系。完善执法过错责任追究和问责制。二是健全完善各种监督机制，通过创新监督方式、扩大监督内容强化人大监督，提高司法监督的独立性，拓展民主监督参与渠道，完善社会监督机制，进而建立形成高效权威、严密有效的制约机制，形成统一有效的监督体系。三是健全内部监督机制。强化政府内部监督机制，健全内部监督公开机制，建立行政执法监

---

① ［英］卡罗尔·哈洛、理查德·罗林斯：《法律与行政》（上卷），杨伟东译，商务印书馆2004年版，第210页。

② 孙聚高：《法治政府论》，《广东行政学院学报》2001年第4期。

督以上级部门领导为主的专门监督领导体制。四是完善相关配套程序制度。制定执法监督的程序性法律制度，明确执法监督程序各环节，各级政府制定和完善关于行政执法监督程序的地方性法规，实现监督活动规范化、制度化和法制化。

第四，加强执法配套保障。一是完善相关法律规定。通过法律形式实现行政职能的转移，使综合行政执法主体取得相对集中行政处罚的法定职权，解决执法依据合法性问题；规范地方政府的行政立法行为，防止为越权立法或违法立法。二是重视队伍建设。清查行政执法主体的资格，取消不符合法律规定的执法主体，凡是执法人员必须经过考核合格才能上岗；加强执法业务教育培训，健全执法人员培训制度；加强绩效考核。三是强化经费保障。各级财政预算必须将行政执法经费统一纳入并及时拨付预算经费；严格执行罚缴分离和收支两条线的规定，严禁将执法经费与罚没数额进行挂钩；财政、审计部门强化行政执法经费适用的监督检查，确保专款专用。

第五，提高依法行政意识。除了体制机制的健全完善，行政执法理念是严格规范公正文明执法的思想基础，因此要加强执法观念培育：一是树立公平正义、服务人民的理念。法律的宗旨是"使人们对诚信仁爱和正义公平的价值追求得到满足，将平等、自由、安全等常理融会于规则之中"①。公平正义是依法行政的根本价值取向，行政执法主体应更加重视对相对人合法权益的保障。二是树立法律至上的理念。行政执法者的观念要向行政法是控制和限制政府机关权力的法律制约器②转变，形成新的法律观念和法行为模式，切实做到不唯权、只唯法。三是创新行政执法方式。依据现代行政执法理念，改变过去过度运用权力的强制性执法方式，积极探索实行指导、奖励等柔性执法方式，加强说服教育、调解疏导等执法方式

---

① 亚里士多德：《政治学》，吴寿彭译，商务印书馆1983年版，第163页。

② E. Gellhorn, B. B. Boyer, Administrative Law and Process in a Nutshell, St, Paul: West Publishing Co. , 1981, p. 3.

应用，尽量消解执法冲突，严禁粗暴执法。

二、进一步完善司法体制

三十多年来，中国司法改革经历了由浅到深、由点到面、由自发到自觉的改革历程。在新的历史阶段，改革仍需深入下去，正如庞德在《普通法的精神》中所讲："司法的真正危险在于对合理改革的胆怯抵制，对法律陈规的顽固坚持"①。党的十八届四中全会要求"保证公正司法，提高司法公信力"，提出"完善司法管理体制和司法权力运行机制"。进一步完善司法体制，建议应当从以下几方面着手：

第一，完善司法管理体制。一是建立法检系统司法行政事务管理权和审判权、检察权相分离的制度。司法机关人财物的管理本质上是司法行政事务，应该由司法行政部门管理。人事安排方面，地方各级司法机关人员的任命应由省级司法机关和省委、省政府把关并报请人大常委会议定，实现司法"去行政化""去地方化"。二是完善确保司法机关依法独立公正行使审判权和检察权的制度。建立健全司法人员履行法定职责保护机制，防止司法人员办案受到各方面不当干扰，解除其后顾之忧。三是探索建立与行政区划适当分离的司法管辖制度。例如，在最高人民法院设立巡回法庭，对具有跨行政区域性质的重大行政和民商事案件进行审理；在各省、自治区和直辖市调整现有"地级市"中级人民法院、检察院的司法管辖范围，建立跨区域的中级人民法院、省检察院分院，财物由省级统一管理，人事任命由市一级的人民代表大会及其常委会产生。

第二，健全司法权力运行机制。一是改革民事立案制度。法院案件受理必须做到有案必立、应立必立，要加强法院立案大厅建设，应当变立案审查制为立案登记制。最高人民法院应当加强对基层法院立案工作的指导，出台相关司法解释，对各类案件立案所需的条

---

① ［美］罗斯科·庞德：《普通法的精神》，唐前宏等译，法律出版社2000年版，第8页。

件、程序、标准，对级别管辖、地域管辖等容易产生推诿的节点做出更为明确规定。二是完善刑事诉讼程序。推进以审判为中心的刑事诉讼制度改革。司法机关和诉讼参与人的诉讼活动都要以法庭审判为中心，确保诉讼证据出示在法庭、案件事实查明在法庭、诉辩意见发表在法庭、裁判结果形成在法庭。三是健全执行程序。实行审判权和执行权相分离的体制改革试点，进一步优化司法职权配置，加大惩处力度，对暴力抗拒执行和逃避执行的被执行人，加大曝光和制裁力度。四是健全司法责任制。实行办案质量终身责任制，明确司法人员职权、责任和义务，对司法渎职失职行为予以必要的惩戒，实现"让裁判者负责"。

第三，加强对司法活动的监督。一是强化人大监督。将省级司法机关出台的司法规范性文件和指导性文件的监督，纳入人大监督范围；丰富人大监督手段，在听取工作报告、执法检查询问等进行监督的基础上，更多的运行质询、专门问题调查等手段，增强监督的效果。二是充分发挥司法系统内部监督的作用。完善落实主审法官、主任检察官等责任制，建立司法机关内部人员过问案件的记录制度和责任追究制度，实行办案质量终身责任制和错案责任倒查问责制；完善检察机关行使监督权的法律制度。三是规范和加强社会监督。加强人民群众监督，拓展人民群众参与监督的渠道和途径，重点完善人民监督员制度；重视和规范舆论监督，司法机关要加大信息公开内容，拓展信息公开渠道，依法依规主动发布权威信息，及时回应媒体和社会关切。

第四，保障人民群众参与司法。一是充分保障公民陪审权利。人民陪审员的选任应当更加"大众化"，避免人民陪审员的"精英化"倾向，选取非法学背景、不同职业、年龄、性别的公民作为陪审员；人民陪审员参审案件，应当侧重案件事实的认定，不审理法律适用，充分发挥人民陪审员的常识理性，避免法律不足的缺陷，实现大众朴素观念与司法人员职业观念的相互结合。二是完善司法调解机制。建立审前调解鼓励制度，增强调解人员的积极性和主动性，但是不应把调解作为强制性的前置程序；重视调解人员的配备和选择，从文化素质、社会阅历、职业背景等方面严格把关；建立相对独立的调解组织和调解联动机制。三是健全司法听证程序。目前司法机关在检察院不起诉、法院拟判处缓刑、司法赔偿案件等程序中都已经尝试听证制度，应当进一步出台相关细则，通过法律制度进一步明确司法听证的适应范围、程序和法律效力等。四是逐步将涉诉信访纳入司法程序。信访是群众反映社情民意的重要途径，也是党和政府知悉并解决群众诉求的重要渠道之一，应当将涉诉信访依法纳入司法程序，培养群众相信法律，而不是"信访不信诉"。

第五，强化人权司法保障。一是牢固树立保障人权与严格司法并重、保障人权与惩罚犯罪并重、实体公正与程序公正并重的理念，坚决贯彻罪刑法定、疑罪从无、非法证据排除法律原则，法无规定不定罪，法无规定不处罚，定罪处刑不得溯及既往等。二是保障当事人的诉讼权。在诉讼过程中，切实保障当事人和其他诉讼参与人的知情权，切实保障当事人的申诉权、陈述权等。此外，应当探索建立诉权救济制度，通过其他途径使得诉权得以实现。三是规范行政强制措施，完善行政强制措施的相关规定，包括实施条件、执行方式、实施程序等；完善当事人权益救济赔偿制度，建立有效途径为受到违法行政强制措施侵害的当事人提供便捷的司法救济或请求国家赔偿。四是重点完善防范和纠正刑讯逼供、非法取证和冤假错案。加强检察机关对刑事侦查活动的监督，重点要对限制人身自由司法措施实施监督；健全讯问犯罪嫌疑人、被告人的全程同步录音录像等，保障犯罪嫌疑人和被告人的合法人身权益。庭审中要切实落实非法证据排除制度，杜绝公安机关在侦查阶段通过刑讯等手段非法获得口供。全面落实办案终身负责制，严格执行错案责任倒查机制。

三、进一步提高守法意识

全民守法是法治社会建设的重要前提和基础，建设社会主义法治体系，应当通过法治约束公权力，规范社会主体的行为规范，推进全社会守法①。提高公民守法意识应当：

第一，进一步提高全民宪法意识。全面推进依法治国背景下，要坚持不懈加强宪法实施，将其作为建设中国特色社会主义法治体系的重要任务和关键环节，充分发挥宪法在国家治理和社会治理中的统领作用②。法必须受到人们的尊重然后才有尊严，然后才能发生作用③。全社会只有信仰宪法才能把遵守宪法变为自觉行动，所以要丰富创新宪法宣传教育的载体和手段，发挥智能终端等新媒体的作用，把宪法教育贯穿在国民教育全过程，党员和干部特别是领导干部要成为遵守宪法和法律的模范④。实行宪法宣誓制度，有序引导公民依据宪法参与国家事务管理也是增强宪法意识的重要方式。

第二，深入开展法治教育。一是加强对重点对象的法治意识和法治信仰培育。党员应当成为守法的模范⑤，成为带头学法、模范守法的表率。要不断深化领导干部和国家公职人员学法、用法工作，各级党委应把中国特色社会主义法律体系列为理论中心组学习的重要内容，各级党校、行政学院、干部管理学院应将中国特色社会主义法律体系设为必修课，各级领导干部的法律知识水平和法治建设能力应列入提拔考察内容。二是法治教育应成为国民教育和精神文明建设方面的重要内容。"在党政机关、军队、企业、学校和全体人民中，都必须加强纪律教育和法制教育，大中小学的学生从入学起，工人从入厂起，战士从入伍起，工作人员从到职起，就要学习和服从各自所必须遵守的纪律"⑥，贯彻"法制教育要从娃娃开始"⑦的

---

① 《全面推进依法治国的固本之举——我国建设法治社会述评》，《新华每日电讯》2014年10月23日第1版。

② 杜青林：《健全宪法实施和监督制度》，《〈中共中央关于全国推进依法治国若干重大问题的决定〉辅导读本》，人民出版社2014年版，第86页。

③ 荆知仁：《宪法变迁与宪法成长》，台湾正中书局印行1979年版。

④ 《江泽民文选》（第三卷），人民出版社2006年版，第555页。

⑤ 《董必武政治法律文集》，法律出版社1986年版，第489页。

⑥ 《邓小平文选》（第二卷），人民出版社1994年版，第360页。

⑦ 《邓小平文选》（第三卷），人民出版社1993年版，第163页。

理念和方针，将法治教育纳入国民教育体系，针对不同阶段的学生，有针对性地制定教育内容和科学设置教育课程。三是创新法治宣传教育形式。转变宣传教育观念，改变过于重视法律知识的讲解、传授的宣传模式，应通过案例等方式完善宣传教育材料，丰富和创新宣传教育的形式，更加重视互联网技术、新媒体技术的运用，提高宣传教育的效果。

第三，健全法制宣传机制。一是健全法制宣传领导和工作机制。各级党委、政府应把法制宣传纳入党委、政府综合目标考核体系和社会建设、法治政府和精神文明建设中。健全党委宣传部门、政府文化和教育部门等法治宣传教育工作推进部门的沟通协作工作机制，建立联席会议制度。同时，健全社会参与机制，引导发挥各人民团体、社会组织和新闻媒体的积极作用，形成党委领导、政府负责，各部门职责明确，全社会积极参与的法治宣传教育领导体制和工作机制。二是全面落实法治宣传教育责任制。健全落实"谁执法谁普法"的法治宣传教育责任制，明确各相关部门具体责任，建立法治责任落实督促机制，形成日常检查与年度考核相结合、一般考核与重点考核相结合的考核方法。三是加强法制宣传保障。加强经费保障，将法治宣传教育活动经费纳入各级政府财政预算，确保足额按时拨付，相关部门要做到专款专用。加强工作队伍建设，重点加强党委宣传部门、政府部门、司法机关的工作队伍建设，配足人员力量，加强业务培训，不断提高工作能力和素质。加强法制宣传社会组织建设，推动建立群团社会组织、法律行业协会、普法志愿者协会、普法志愿者服务组织、普法宣传教育工作室和社会普法宣传教育人才库，大力发展和培育各类社会普法组织。

第四、加强诚信体系建设。一是加强诚信思想理论建设。以社会主义核心价值体系引领社会思潮，加强马克思主义诚信观建设，充分重视中华民族传统诚信思想精华对丰富现代社会诚信建设的重要借鉴作用，继承和发扬传统诚信思想中的积极因素，同时吸收借鉴西方诚信建设有益经验。二是加强重点领域和重点对象诚信建设。

社会主义诚信体系建设是一项复杂的系统工程，必须抓住重点领域、综合实施、同步推进。各级党委政府应当加强领导，充分发挥基层党组织的能动性，组织广大党员干部和国家公职人员带头守信，坚持依法行政，构建诚信政府。发挥社会组织和人民团体的组织功能，开展内容丰富、有吸引力的各种活动，宣传社会主义诚信文化。三是建设诚信守法长效机制，筑牢全社会守法根基，贯彻落实信息公开，加强监管，实现公开透明；完善失信行为惩罚机制，建立失信清单制度，定期发布失信行为、企业信息的信息，加大对失信行为的惩罚，建立多部门、跨地区失信联合惩戒机制，提高失信行为的机会成本；完善守法诚信奖励机制，建立完善公民和组织守法诚信系统，对守法公民和组织加大信贷等政策支持力度。四是加强诚信保障体系建设体系。加强诚信方面的立法，重点抓好食品安全法律法规等重点领域的法律体系建设，对违反法律法规的失信行为进行严厉处罚。

第五，加强公民道德建设。法律规范人们的行为，可以强制性地惩罚违法行为，但不能代替解决人们思想、道德的问题①。在强调法律的重要性的同时，必须注重道德的培育。一是开展提升公民道德的活动。大力弘扬中华优秀传统文化、社会主义核心价值体系，深入实施公民道德建设工程，积极推进社会主义精神文明创建活动。二是营造良好的社会道德环境。媒体舆论应更加客观及时准确传播信息，对道德失范、诚信缺失等现象敢于揭露和曝光；同时，利用好各种社会文化资源及重大活动来宣扬爱国主义、集体主义和社会主义道德观和价值观，提高道德教育的实效性，加强新闻媒体对公民道德建设的宣传力度，最大限度地发挥媒体的宣传和引导作用，提高公民道德建设的覆盖面、渗透力和影响力。

---

① 《江泽民文选》（第一卷），人民出版社 2006 年版，第 643 页。

结　语

　　新时期以来，中国共产党领导的以立法为主导的法治建设取得巨大成就，那是因为：立法是建治法治中国，实现良法善治的前提，是党的主张与人民意志相统一并转化为国家意志的体现，是通过分配正义为实现社会公正提供法律准据的过程。

　　党的十八届四中全会通过的《中共中央关于全面推进依法治国若干重大问题的决定》提出："形成完备的法律法规体系"是建设中国特色社会主义法治体系的重要任务之一。因此，在今后中国的法治建设中，仍应注重发挥立法的作用，坚持科学立法，引领促进改革①。

一、"科学立法"的内涵

　　"立法"一词，最早可考的出处是战国时期的著作《荀子·议兵》中"立法施令，莫不顺比"的记载，意思是"设立了法律和政令，治理就会顺畅，天下就会安全"，所谓"以律均清浊，以法定治乱"，法治的核心是制定良好的法律并使之得到一体遵行。《现代汉语词典》把"科学"定义为"反映自然、社会、思维的客观规律的分科的知识体系"。所以，"科学立法"的本义就是在立法过程中要遵循立法工作本身的规律和法规所调整社会关系的客观规律。

　　改革开放的前三十年，我国的立法工作主要是依据"有法可依，有法必依，执法必严，违法必究"十六字方针中的"有法可依"来解决法律有无和多少的问题。2000年，第九届全国人民代表大会第

----

　　① 详见作者发表的文章：李中天《坚持科学立法，引领促进改革》，《云南人大》2014年第12期。

三次会议通过的《中华人民共和国立法法》提出了"科学合理规范社会关系"的立法原则，这是我国第一次将"科学"作为立法活动的一项原则提出，但此时的"科学"主要还是针对立法活动本身而言，即要求所制定的法律的内容要合理。

2012年，在中国特色社会主义法律体系已经形成的历史条件下，党的十八大报告提出了"科学立法、严格执法、公正司法、全民守法"的新十六字法治建设方针，此时的"科学立法"的内涵还应包括立法指导思想和基本原则的科学化、立法对象选择的科学化、立法程序的科学化、立法后的工作科学化，即遵循法律法规所调整社会关系的客观规律，不断提高立法质量。

二、立法指导思想和基本原则的科学化

坚持党的领导，保证立法工作的正确政治方向。党的领导是中国特色社会主义最本质的特征，是社会主义法治最根本的保证。党的领导、人民当家作主、依法治国有机统一是我国民主法治发展的本质特征和内在要求。党的领导和社会主义法治是一致的，社会主义法治必须坚持党的领导，党的领导必须依靠社会主义法治。立法工作必须服从并服务于党的领导，服从并服务于党和国家的工作大局，自觉地把党的主张通过法定程序上升为国家意志，成为全社会一体遵行的行为规范和准则，从制度和法律上保证党的路线、方针和政策的贯彻实施。

从实际出发，反映客观经济社会发展的需要。马克思说："立法者应该把自己看作一个自然科学家。他不是在创造法律，也不是在发明法律，而仅仅是在表述法律，他用有意识的实在法把精神关系的内在规律表现出来。如果一个立法者用自己的臆想来代替事情的本质，那么人们就应该责备他的极端任性"①。立法过程应是在广泛认识立法所涉及的事物的基础上进行的活动，中国的法治建设有自己的土壤和条件，形成完备的法律规范体系，必须依据我国的现实

_____

① 《马克思恩格斯全集》（第一卷），人民出版社1956年版，第183页。

情况和历史传统，始终把我国改革开放和社会主义现代化建设的伟大实践作为立法的基础。

立法活动要公平、公正、公开。以前我们往往把法律简单当作政治统治的工具和行政管理、社会控制的手段来理解和运用。改革开放以来，尤其是十五大以来，我们越来越重视全面理解法治和依法治国的科学含义，越来越重视法治精神、法治理念、法治意识、法治文化等深层意蕴。公正是法治的生命线，立法机关制定的法律规范，不但要能够实现"有法可依"的目标，还要能够实现法律道德价值，即体现公正性和合理性，使不同主体间的利益实现均衡和谐。立法活动则应该公开，让社会公众知晓，真正体现人民意志。

三、立法对象选择的科学化

主动立法，发挥引领、促进、规范和保障作用。习近平总书记提到："重大问题要于法有据"。过去我们讲到法律对改革发展建设的作用时往往强调保障作用，这是一种辅助功能。十八大以来，中央领导和中央文件讲到立法的功能作用，通常强调其功能是"引领、促进、规范、保障"，就是说立法在经济建设、政治建设、文化建设、社会建设、生态文明建设和党的建设中，应变"被动立法"为"主动立法"，为全面深化改革提供法律依据和法律保障。例如，对国务院暂时调整广东部分行政审批的授权，就是全国人大常委会以法治思维和法治方式推进改革的范例。

侧重薄弱环节领域的立法。过去三十年的立法比较重视经济立法和行政立法，今后在继续注重经济领域立法的同时，应更加重视社会立法、文化立法、生态文明立法等薄弱环节领域的立法工作。要制定立法计划和规划，促进社会进步、强化社会管理、改善公共服务、维护社会稳定，由侧重行政管理向健全公共服务体系和创新社会管理转变，保障公民人身权、财产权、基本政治权利等不受侵犯，保障公民经济、文化、社会等各方面权利得到落实，实现公民权利保障法治化。

完善立法立项审查和论证制度，审慎选择立法对象。立项审查和论证应坚持价值性标准，破除"法律万能"的观念，判断立法事项是否应当由法律来调整，能够通过道德、风俗习惯、行业规范等其他社会规范解决的问题，就不要立法；坚持合法性标准，审查立法事项是否符合立法权，是否和上位法相抵触，是否和同位法协调一致；坚持可行性标准，"徒法不足以自行"，立法要考虑社会认同度和将来的实施，必要时应引入成本效益分析方法来量化分析利弊得失、辅助立法决策；坚持规范性标准，审查立法事项是否形成立法草案，规范文本是否完成。

四、立法过程的科学化

明确立法权限。纵向要明确中央和地方的立法权限划分和省（市、自治区）人大及其常委会与较大的市及其常委会的立法权限划分。横向要厘清立法权与行政权的界限，即明确全国人大及其常委会与国务院的权限划分和地方人大及其常委会与地方政府的立法权限划分。值得指出的是，还应明确人大及其常委会之间立法权限的划分。目前法律法规多在人大常委会上通过，今后应依法将更多的法律法规草案提请代表大会审议和表决，并探索其他发挥人大代表作用新方式，这不但是发挥人大代表在立法中的作用的应有之义，也是增强法规正当性的必然要求。

充分发挥人大在立法工作中的主导作用。对于关系全局性、综合性、涉及广大人民群众根本利益的法规案，应当由人大立法工作部门或者有关专门委员会组织起草；对涉及多部门行政职能的法规，应由人大有关专门委员会、政府法制部门、相关的行政管理等部门组成法规起草小组，联合起草；对一些技术性、专业性较强的法规，由立法工作者、实际工作者和专家共同起草。此外，还应当根据需要，探索委托起草等多种模式。立法应当充分代表民意、体现民利、反映民情，《中共中央关于全面推进依法治国若干重大问题的决定》提出，"在立法方面，要从体制机制和工作程序上有效防止部门利益和地方保护主义法律化；对部门间争议较大的重要立法事项，由决策机关引入第三方评估"。

探索多元化的民主立法形式。六十年前制定"五四宪法"时，当时只有 6 亿多人口，但先后有 1 亿人参加讨论，征集意见达 118 万多条，但近年来即便是讨论与民生关系十分密切的法律草案，如物权法、促进劳动就业法、保险法等，征集到的群众意见也并不多。所以，要坚持"开门立法"，健全采纳公众意见的反馈机制，疏通不同利益群体公开主张、表达利益的渠道，健全立法听证制度。充分发挥政协委员①、民主党派、工商联、无党派人士、人民团体、社会组织在立法协商中的作用，完善立法座谈会、法规规章征求意见制度。更加注重发挥法学专家和立法相关领域专家在立法过程中的作用，探索建立立法研究评估和咨询服务基地、立法咨询专家库等。

精细化立法，确保法律规范表述科学。现在的某些法律规范，有的规定过于原则、笼统、模糊，使人们难以准确把握和执行；有些规定不严谨、有漏洞、概念交叉、混乱，给执行带来很大困难；有些规定不完整，有行为模式，没有结果模式，导致鼓励性规范无法对象，禁止性规范无法惩处。所以，一定要坚持精细化立法，确保法律规范的表述具有明确性、肯定性、准确性，以便于实施。

五、立法后的工作科学化

加强立法宣传，提高公民法治信念，推动法律实施。比起"维护利益的武器"和"社会行为的规范"，法治更是一种社会的价值和信念。良法善治并非遥不可及，近年来，我国成功依法治理酒驾就是力证。法律的权威源自人民的内心拥护和真诚信仰，酒驾违法行为得到遏制，离不开有效的立法宣传，让公民发自内心重视，自然有利于法律实施的效果。

建立立法评估长效机制。立法机关根据一定标准，对已经颁布实施的法律法规的实施效果、总体质量和基本价值要进行合法性、合理性、可行性评估，加强对各方面意见的综合分析，积极回应社

---

① 详见作者发表的文章：李中天《完善政协立法协商，推进法治中国建设》，《云南政协报》2015 年 2 月 11 日理论版。

会关切，更好地发挥立法在表达、平衡、调整社会利益方面的积极作用，将评价的结论作为法规进一步修改、完善的重要依据。

坚持"立、改、废、释"均衡常态化，保持法律体系协调发展。立法要更加注重创制法律和修改法律并重，完善立法审议修改机制，必须以保护产权、维护契约、统一市场、平等交换、公平竞争、有效监管为基本导向，健全以公平为核心原则的产权保护制度，加强对各种所有制经济组织和自然人财产权的保护，清理有违公平的法律法规条款，按照"立、改、废、释"的要求予以修改，废旧立新，保持法律体系协调发展。

改革开放后，我国以立法为主导的法治建设取得了伟大成就，但是今天面对诸多"有法难依"的问题，法治建设的重点应当转移到确保已有立法的实施上来，用法治来凝聚社会共识，推进我国法治的转型升级，从法治国家转型为法治中国，实现国家治理体系和治理能力现代化，在这个过程中，应当坚持中国共产党的领导。中国特色社会主义最本质的特征就是坚持中国共产党的领导。党的领导和依法治国的关系是社会主义法治建设的核心问题：社会主义法治建设必须坚持党的领导，党的领导是中国特色社会主义法治建设的政治前提和根本保证；党的领导必须依靠社会主义法治，法治是治国理政的基本方式，正如习近平总书记所指出的，关键是要处理好两个关系：一是党的政策和国家法律的关系、二是坚持党的领导和司法机关独立行使职权的关系。关于前者，党的政策贯穿立法、执法、司法、和守法的具体实践中，同时必须把党的政策和主张规范化和制度化和法律化。关于后者，我国的司法机关独立行使职权与西方三权分立下的司法独立有本质的不同，因为政治体制完全不同。我国宪法规定，司法机关依法独立行使司法权力，这符合现代司法的本质需要，但这与坚持党的领导并不矛盾，在保障司法依法独立行使司法权的前提下，加强党对司法进行政治、思想和组织上的领导，正是司法获得权威性与正当性的政治性保障。

坚持中国特色社会主义制度。法治与政治制度紧密相连，法治建设必须与实行的政治制度相适应。中国特色社会主义制度，为经济社会的稳定、协调、持续发展进步提供了根本制度基础和保障。新中国成立以来，党领导人民坚持社会主义制度，持续推进法治建设，经历了从人治到法治、从法制到法治的法治理念不断深化的过程，深刻总结社会主义法治建设正反两面的经验教训，牢牢把握社会发展规律和法治建设规律，汲取中华法律文化精华，借鉴别国法治建设有益经验，适应社会发展实际，经过建国 60 多年的不断自我发展、自我创新、自我完善实践和探索，逐渐形成了具有中国特色的社会主义法治道路。中国特色社会主义事业伟大实践已经证明，中国特色社会主义法治道路是符合国情的、符合人民意愿的、唯一正确的道路。所以，在全面推进依法治国背景下，必须继续坚持中国特色社会主义制度。

贯彻中国特色社会主义法治理论。党历来重视法治建设，把马克思主义国家与法的基本原理同当代中国国情相结合，结合现代化建设和依法治国实践，总结中国社会主义法治建设的成功经验和深刻教训，借鉴吸收古今中外人类法治文明有益成果，提出了关于社会主义法治建设的一系列重要思想，形成了中国特色社会主义法治理论。中国特色社会主义法治理论继承、创新和发展了马克思主义法律观，是马克思主义法学思想中国化的最新成果，是"中国特色社会主义法治体系的理论指导和学理支撑，是全面推进依法治国的行动指南"①。物质决定意识，意识对物质有能动的反作用，坚持中国特色社会主义法治理论，才能保证我国社会主义法治事业的进一步发展，才能保证社会主义法律体系进一步完善，才能保证法治实施体系进一步健全。

---

① 习近平：关于《中共中央关于全面推进依法治国若干重大问题的决定》的说明〔EB / OL〕. http：// news. xinhuanet. com /2014－10 /28 / c1113015372. Htm，2015－4－12.

参考文献

一、中文部分

（一）经典著作、文集选集类

1.《马克思恩格斯选集》（第一卷），人民出版社 1972 年版。

2.《马克思恩格斯选集》（第二卷），人民出版社 1995 年版。

3.《马克思恩格斯选集》（第三卷），人民出版社 1995 年版。

4.《马克思恩格斯选集》（第四卷），人民出版社 1995 年版。

5.《马克思恩格斯全集》（第一卷），人民出版社 1956 年版。

6.《马克思恩格斯全集》（第六卷），人民出版社 1961 年版。

7.《马克思恩格斯全集》（第八卷），人民出版社 1961 年版。

8.《列宁全集》（第二十八卷），人民出版社 1990 年版。

9.《列宁全集》（第三十五卷），人民出版社 1985 年版。

10.《毛泽东选集》（第四卷），人民出版社 1991 年版。

11.《毛泽东文集》（第三卷），人民出版社 1996 年版。

12.《毛泽东文集》（第六卷），人民出版社 1999 年版。

13.《毛泽东文集》（第七卷），人民出版社 1999 年版。

14.《毛泽东文集》（第八卷），人民出版社 1999 年版。

15.《建国以来毛泽东文稿》（第六册），中共中央文献出版社 1992 年版。

16.《毛泽东著作选读》（下册），人民出版社 1986 年版。

17.《邓小平文选》（第二卷），人民出版社 1994 年版。

18.《邓小平文选》（第三卷），人民出版社 1993 年版。

19.《邓小平年谱》（1975—1997），中央文献出版社 2004 年版。

20.《论党的建设》，中共中央文献出版社 2001 年版。

21.《江泽民论有中国特色社会主义》（专题摘编），中央文献出版社 2002 年版。

22.《江泽民文选》（第一卷），人民出版社 2006 年版。

23. 《江泽民文选》（第二卷），人民出版社 2006 年版。

24. 《江泽民文选》（第三卷），人民出版社 2006 年版。

25. 《习近平谈治国理政》，外文出版社 2014 年版。

26. 《习近平关于全面依法治国论述摘编》，中共中央文献出版社 2015 年版。

27. 《刘少奇选集》（下卷），人民出版社 1985 年版。

28. 《陈云文选》（第三卷），人民出版社 1995 年版。

29. 《叶剑英选集》，人民出版社 1996 年版。

30. 《若干重大决策与事件的历史回顾》（上），中共中央党校出版社 1991 年版。

31. 《董必武选集》，人民出版社 1985 年版。

32. 《董必武政治法律文集》，法律出版社 1986 年版。

33. 《董必武法学文集》，法律出版社 2001 年版。

34. 《论新时期的社会主义民主与法制建设》，中央文献出版社 1989 年版。

35. 《彭真文选》，人民出版社 1991 年版。

36. 《论新中国的政法工作》，中央文献出版社 1992 年版。

37. 《万里文选》，人民出版社 1995 年版。

38. 《万里论人民民主与法制建设》，中国民主法制出版社 1996 年版。

（二）文献资料类

第一，成册编辑文献

1. 《建国以来重要文献选编》（第一册），中共中央文献出版社 1992 年版。

2. 《建国以来重要文献选编》（第二册），中共中央文献出版社 1992 年版。

3. 《建国以来重要文献选编》（第三册），中共中央文献出版社 1992 年版。

4. 《建国以来重要文献选编》（第四册），中共中央文献出版社 1993 年版。

5. 《建国以来重要文献选编》（第五册），中共中央文献出版社 1993 年版。

6. 《建国以来重要文献选编》（第九册），中共中央文献出版社 1994 年版。

7. 《建国以来重要文献选编》（第十册），中共中央文献出版社 1994 年版。

8. 《建国以来重要文献选编》（第十五册），中共中央文献出版社 1997 年版。

9. 《三中全会以来重要文献选编》（上），人民出版社 1982 年版。

10. 《三中全会以来重要文献选编》（下），人民出版社 1982 年版。

11. 《十一届三中全会以来重要文献简编》，人民出版社 1983 年版。

12. 《关于建国以来党的若干历史问题的决议》（注释本），人民出版社1983年版。

13. 《十二大以来重要文献选编》（上），人民出版社1986年版。

14. 《十二大以来重要文献选编》（中），人民出版社1988年版。

15. 《中国共产党第十三次全国代表大会文件汇编》，人民出版社1987年版。

16. 《十三大以来重要文献选编》（上），人民出版社1991年版。

17. 《十四大以来重要文献选编》（上），人民出版社1996年版。

18. 《十四大以来重要文献选编》（中），人民出版社1997年版。

19. 《十四大以来重要文献选编》（下），人民出版社1999年版。

20. 《十五大以来重要文献选编》（上），人民出版社2000年版。

21. 《十五大以来重要文献选编》（中），人民出版社2001年版。

22. 《十五大以来重要文献选编》（下），人民出版社2003年版。

23. 《十六大以来重要文献选编》（上），中共中央文献出版社2005年版。

24. 《十六大以来重要文献选编》（中），中共中央文献出版社2006年版。

25. 《十六大以来重要文献选编》（下），中共中央文献出版社2008年版。

26. 《十七大以来重要文献选编》（上），中共中央文献出版社2009年版。

27. 《十七大以来重要文献选编》（中），中共中央文献出版社2011年版。

28. 《中共中央文件选集》（第十八册），中共中央党校出版社1989年版。

第二，讲话、报告

1. 《就我国内政外交问题江泽民答中外记者问》，《人民日报》1989年9月27日第1版。

2. 江泽民：《高举邓小平理论伟大旗帜，把建设有中国特色社会主义事业全面推向二十一世纪》（在中国共产党第十五次全国代表大会上的讲话），人民出版社1997年版。

3. 胡锦涛：《全面贯彻实施宪法，为全面建设小康社会提供坚实法律保障》，《人民日报》2002年12月5日第1版。

4. 胡锦涛：《在"二个代表"重要思想理论研讨会上的讲话》，人民出版社2003年版。

5. 胡锦涛：《在纪念毛泽东同志诞辰110周年座谈会上的讲话》，人民出版社2003年版。

6. 胡锦涛：《始终坚持依法治国依法执政，提高全社会法制化管理水平》，

《人民日报》2004年4月28日第1版。

7. 胡锦涛：《在省部级主要领导干部提高构建社会主义和谐社会能力专题研讨班上的讲话》，人民出版社2005年版。

8. 胡锦涛：《高举中国特色社会主义伟大旗帜 为夺取全面建设小康社会新胜利而奋斗——在中国共产党第十七次全国代表大会上的报告》，人民出版社2007年版。

9. 习近平：《在首都各界纪念现行宪法公布实施30周年大会上的讲话》，《人民日报》2012年12月5日第2版。

10. 习近平：《完善和发展中国特色社会主义制度推进国家治理体系和治理能力现代化》，《人民日报》2014年2月18日第1版。

11. 习近平：《关于〈中共中央关于全面推进依法治国若干重大问题的决定〉的说明》，《人民日报》2014年10月29日第2版。

12. 《中国共产党第十一届中央委员会第三次全体会议公报》（单行本），人民出版社1978年版。

13. 《叶剑英委员长的开幕词》，《人民日报》1979年6月19日第1版。

14. 《叶剑英委员长的闭幕词》，《人民日报》1980年9月11日第1版。

15. 杨尚昆：《全国人民代表大会常务委员会工作报告》（1981年），中国人大网 www.npc.gov.cn。

16. 彭真：《全国人民代表大会常务委员会关于严惩严重破坏经济的犯罪的决定》，《中华人民共和国全国人民代表大会常务委员会公报》1982年第1期。

17. 彭真：《关于中华人民共和国宪法修改草案的报告》，《人民日报》1982年12月6日第1版。

18. 《全国人民代表大会常务委员会关于迅速审判严重危害社会治安的犯罪分子的程序的决定》，《中华人民共和国全国人民代表大会常务委员会公报》1983年第4期。

19. 彭真：《进一步实施宪法，严格按照宪法办事——纪念宪法颁布一周年》，《中国法学》1984年第1期。

20. 陈丕显：《全国人民代表大会常务委员会工作报告》，《中华人民共和国全国人民代表大会常务委员会公报》1984年第4期。

21. 《关于授权国务院在经济体制改革和对外开放方面可以制定暂行的规定或者条例的决定》，《人民日报》1985年4月11日第2版。

22. 项淳一：《全国人大法律委员会对〈中华人民共和渔业法（草案）〉审

议结果的报告》，《中华人民共和国全国人民代表大会常务委员会公报》1986 年第 1 期。

23. 王汉斌：《关于〈中华人民共和国全国人民代表大会常务委员会议事规则（草案）的说明〉》，《中华人民共和国全国人民代表大会常务委员会公报》1987 年第 6 期。

24. 乔石：《在首都各界纪念现行宪法公布实施 10 周年大会上的讲话》，《人民日报》1992 年 12 月 5 日第 1 版。

25. 彭冲：《全国人民代表大会常务委员会工作报告——1993 年 3 月 20 日在第八届全国人民代表大会第一次会议上》，《人民日报》1993 年 4 月 5 日第 3 版。

26.《国务院关于加强政府法制工作的决定》，《国务院公报》1993 年第 23 号。

27. 刘仲藜：《关于〈中华人民共和国预算法（草案）的说明〉》，《中华人民共和国全国人民代表大会常务委员会公报》1994 年第 3 期。

28. 田纪云：《全国人民代表大会常务委员会工作报告——1994 年 3 月 15 日在第八届全国人民代表大会第二次会议上》，《人民日报》1994 年 3 月 26 日第 3 版。

29. 任建新：《最高人民法院工作报告——1998 年 3 月 10 日在第九届全国人民代表大会第一次会议上》，《中华人民共和国最高人民法院公报》1998 年第 2 期。

30. 张思卿：《最高人民检察院工作报告——1998 年 3 月 10 日在第九届全国人民代表大会第一次会议上》，《中华人民共和国全国人民代表大会常务委员会公报》1998 年第 1 期。

31. 肖扬：《最高人民法院工作报告——1999 年 3 月 10 日在第九届全国人民代表大会第二次会议上》，《中华人民共和国全国人民代表大会常务委员会公报》1999 年第 2 期。

32. 韩杼滨：《最高人民检察院工作报告——1999 年 3 月 10 日在第九届全国人民代表大会第二次会议上》，《中华人民共和国全国人民代表大会常务委员会公报》1999 年第 2 期。

33. 李鹏：《全国人民代表大会常务委员会工作报告——2003 年 3 月 10 日在第十届全国人民代表大会第一次会议上》，《人民日报》2003 年 3 月 22 日第 1 版。

34. 乔晓阳:《中华人民共和国立法法讲话》,中国民主法制出版社 2008 年版。

35.《中共中央关于全面推进依法治国若干重大问题的决定》,人民出版社 2014 年版。

(三)报刊资料类

1. 何思敬:《宪法的谜语分析》,《解放日报》1946 年 2 月 13 日第 1 版。

2. 新华社《关于废除旧法统》答记者问,《解放日报》1949 年 3 月 15 日 第 1 版。

3.《建设新中国的法律与司法工作》,《人民日报》1949 年 6 月 18 日第 1 版。

4.《中国新法学研究会发起人大会上的讲话》,《人民日报》1949 年 6 月 30 日第 1 版。

5. 陈泓:《北京各大学的课程改革工作》,《人民日报》1949 年 10 月 17 日 第 4 版。

6. 李光灿:《批判法制工作中的旧法学观点》,《人民日报》1951 年 5 月 17 日第 3 版。

7. 李光灿、李剑飞:《肃清反人民的旧法观点》,《人民日报》1952 年 8 月 22 日第 3 版。

8. 施班:《必须彻底改革司法工作 所谓〈六法全书〉什么来历》,《人民日 报》1952 年 10 月 27 日第 3 版。

9. 杨兆龙:《我国重要法典何以迟迟还不颁布》,《新闻日报》1957 年 5 月 9 日第 3 版。

10.《北京法学界讨论法律、法学的阶级性和继承性》,《人民日报》1957 年 5 月 22 日第 7 版。

11. 陶希晋:《法律界的斗争》,《人民日报》1957 年 9 月 13 日第 7 版。

12.《民主和法制》,《人民日报》1978 年 7 月 13 日第 1 版。

13.《严守党纪国法》,《人民日报》1978 年 11 月 13 日第 1 版。

14.《解放思想,用科学结论打破"禁区"——法学研究所座谈法制问 题》,《人民日报》1978 年 12 月 6 日第 3 版。

15. 李步云:《坚持公民在法律上一律平等》;乔木青:《加强法制保障公民 权利》;金默生:《加强法制的几点建议》;王家福、陈明侠:《必须搞好经济立 法和经济司法》,《人民日报》1978 年 12 月 6 日第 3 版。

16. 乔伟：《独立审判　只服从法律》，《人民日报》1979 年 1 月 5 日第 3 版。

17. 王礼明：《人治和法治》，《人民日报》1979 年 1 月 26 日第 3 版。

18.《社会主义法制是人民民主的保障》，《人民日报》1979 年 4 月 3 日第 3 版。

19.《同心同德　共商四化大计》，《人民日报》1979 年 6 月 18 日第 1 版。

20.《脚踏实地　奋勇前进》，《人民日报》1979 年 7 月 3 日第 1 版。

21.《加强法制　发扬民主　促进四化》，《人民日报》1979 年 7 月 5 日第 1 版。

22.《关于人治与法治问题的讨论》，《人民日报》1980 年 1 月 18 日第 5 版。

23. 吴大英、刘瀚：《正确认识人治与法治的问题》，《人民日报》1980 年 3 月 21 日第 5 版。

24. 刘瀚：《健全法制是发展民主的保障》，《人民日报》1981 年 4 月 3 日第 5 版。

25. 谢次昌：《人治和法治问题讨论情况》，《人民日报》1981 年 8 月 24 日第 5 版。

26. 张尚：《社会主义民主和法制的新发展》，《人民日报》1982 年 5 月 11 日第 5 版。

27.《齐心协力开创新局面——祝五届人大和五届政协第五次会议开幕》，《人民日报》1982 年 11 月 26 日第 1 版。

28.《最有力量的保证——写在五届人大五次会议闭幕时》，《人民日报》1982 年 12 月 11 日第 3 版。

29. 冯并：《由"人治"到"法治"》，《人民日报》1982 年 12 月 7 日第 8 版。

30.《中共中央举办法律知识讲座》，《人民日报》1994 年 12 月 10 日第 1 版。

31. 袁宝华：《企业家不是可以随便叫的》，《中华工商时报》1996 年 3 月 7 日第 2 版。

32.《首都法学家座谈依法治国》，《人民日报》1997 年 10 月 9 日第 3 版。

33.《各级领导干部要努力学习法律知识》，《人民日报》1996 年 10 月 10 日第 1 版。

34. 《走向依法治国之路——党的十四大以来我国民主与法制建设述评》，《人民日报》1997 年 9 月 3 日 3 版。

35. 薛驹、王家福：《走依法治国之路》，《人民日报》1997 年 11 月 1 日第 6 版。

36. 《大力推进依法治国进程》，《人民日报》1997 年 11 月 17 日 第 1 版。

37. 《团结一致　务实兴邦——祝贺九届全国人大第二次会议胜利闭幕》，《人民日报》1999 年 3 月 16 日第 4 版。

38. 《国家经济、政治、文化、社会生活各个方面基本做到有法可依》，《光明日报》2009 年 9 月 23 日第 4 版。

39. 李中天：《完善政协立法协商，推进法治中国建设》，《云南政协报》2015 年 2 月 11 日理论版。

（四）中文研究著作、译著

1. 《当代中国》丛书编辑委员会：《当代中国的审判工作》（下），当代中国出版社 1993 年版。

2. 《十七大报告辅导读本》，人民出版社 2007 年版。

3. 蔡宝刚：《经济现象的法律逻辑：马克思法律反作用思想研究》，黑龙江人民出版社 2004 年第 1 版。

4. 蔡定剑：《历史与变革——新中国法制建设的历程》，中国政法大学出版社 1999 年版。

5. 曹建明等合著：《在中南海和大会堂讲法制》，商务印书馆 1999 年版。

6. 陈阜：《如何正确地执行政策与法律》，法律出版社 1958 年版。

7. 陈光中等：《中国司法制度的基础理论问题研究》，北京经济科学出版社 2010 年版。

8. 陈金全：《新中国法律思想史》，人民出版社 2011 年版。

9. 程燎原：《从法制到法治》，法律出版社 1999 年版。

10. 刁田丁、兰秉洁、冯静：《政策学》，中国统计出版社 2000 年版。

11. 董炯：《国家、公民与行政权》，北京大学出版社 2001 年版。

12. 范进学：《中国宪法实施与宪法方法》，上海三联书店 2014 年版。

13. 范愉、黄娟、彭小龙编：《司法制度概论》（第 2 版），中国人民大学出版社 2013 年版。

14. 付子堂：《马克思主义法律思想研究》，高等教育出版社 2005 年版。

15. 付子堂主编：《法理学初阶》，法律出版社 2009 年版。

16. 付子堂主编：《文本与实践之间：马克思主义法律思想中国化问题研究》，法律出版社 2009 年版。

17. 高一飞：《司法公开基本原理》，中国法制出版社 2012 年版。

18. 葛天博：《司法基础理论范畴探析》，西安交通大学出版社 2012 年版。

19. 公丕祥：《中国的法制现代化》，中国政法大学出版社 2004 年版。

20. 郭道晖：《法的时代精神》，湖南人民出版社 1997 年版。

21. 郭道晖：《法的时代挑战》，湖南人民出版社 2000 年版。

22. 郭道晖：《民主·法制·法律意识》，人民出版社 1988 年版。

23. 郭道晖等：《中国当代法学争鸣实录》，湖南人民出版社 1998 年版。

24. 郭华：《中外宪法实施保障制度比较研究》，吉林人民出版社 2005 年版。

25. 韩延龙、常兆濡编：《中国新民主主义革命时期根据地法制文献选编》（第 3 卷），中国社会科学出版社 1981 年版。

26. 韩延龙、常兆濡编：《中国新民主主义革命时期根据地法制文献选编》（第 4 卷），中国社会科学出版社 1984 年版。

27. 韩延龙主编：《中华人民共和国法制通史》，中共中央党校出版社 1998 年版。

28. 何勤华：《中国法学史纲》，商务印书馆 2012 年版。

29. 何勤华等：《法律移植论》，北京大学出版社 2008 年版。

30. 黄宗智：《经济与理论：中国社会、经济与法律的实践历史研究》，中国人民大学出版社 2007 年版。

31. 季卫东：《普法随谭》，《清华法学》第 11 辑"普法研究"专辑，清华大学出版社 2007 年版。

32. 姜明安：《行政法与行政诉讼法》，北京大学出版社、高等教育出版社 1999 年版。

33. 蒋传光：《邓小平法制思想概论》，人民出版社 2009 年版。

34. 蒋传光：《建构中国法治社会的指南——邓小平法制思想研究》，安徽大学出版社 2000 年版。

35. 蒋传光：《马克思主义法律思想中国化理论与实践研究》，中国法律出版社 2013 年版。

36. 蓝全普：《七十年法律要览》，法律出版社 1997 年版。

37. 蓝全普：《三十年来我国法规沿革概况》，群众出版社 1980 年版。

38. 黎国智：《马克思主义法学论著导读》，中国政法大学出版社 1993 年版。

39. 李广灿、吕世伦主编：《马克思、恩格斯法律思想史》，法律出版社 2001 年版。

40. 李林主编：《中国法治发展报告 NO.6（2008）》，社会科学文献出版社 2008 年版。

41. 李龙主编：《马克思主义法学著作导读》，武汉大学出版社 1991 年版。

42. 李龙主编：《毛泽东法律思想研究》，武汉大学出版社 1993 年版。

43. 李世涛：《知识分子立场：激进与保守的激荡》，时代文艺出版社 2000 年版。

44. 梁治平：《法辩——中国法的过去、现在与未来》，贵州人民出版社 1992 年版。

45. 刘惠荣：《海洋行政执法理论》，海洋出版社 2013 年版。

46. 刘永安：《行政行为概论》，群众出版社 1993 年第 1 版。

47. 陆云泉主编：《邓小平法制思想研究》，江苏人民出版社 1998 年版。

48. 罗国杰主编：《伦理学》，人民出版社 2007 年版。

49. 罗竹风主编：《汉语大词典》，汉语大词典出版社 2000 年版。

50. 潘伟杰：《法治与现代国家成长》，法律出版社 2009 年版。

51. 强世功：《法制与治理——国家转型中的法律》，中国政法大学出版社 2003 年版。

52. 全国人大常委会办公厅编：《我国当前法律实施的问题和对策》，中国民主出版社 1997 年版。

53. 全国人大常委会办公厅研究室：《人民代表大会制度建设四十年》，中国民主法制出版社 1991 年版。

54. 任建新：《社会主义法制建设基本知识》，法律出版社 1996 年版。

55. 沈荣华：《现代行政法学》，天津大学出版社 2003 年版。

56. 沈宗灵主编：《法理学研究》，上海人民出版社 1990 年版。

57. 宋志刚：《城管来了》，北京理工大学出版社 2011 年版。

58. 苏联科学院法学所：《马克思列宁主义关于国家与法权理论教程》，中国人民大学出版社 1955 年版。

59. 孙国华主编：《法理学教程》，中国人民大学出版社 1994 年版。

60. 孙谦、韩大元：《司法机构与司法制度》，中国检察出版社 2013 年版。

61. 汤唯等：《法律监督论纲》，北京大学出版社 2001 年版。

62. 陶希晋：《新中国法制建设》，南开大学出版社 1988 年版。

63. 万光侠：《效率与公平——法律价值的人学分析》，人民出版社 2000 年版。

64. 汪习根：《司法权力论——当代中国司法权力运行的目标模式、方法与技巧》，武汉大学出版社 2006 年版。

65. 王定国：《谢觉哉论民主与法制》，法律出版社 1996 年版。

66. 王利明：《司法改革研究》，法律出版社 2001 年版。

67. 吴大英、刘瀚：《中国社会主义立法问题》，群众出版社 1984 年版。

68. 吴大英、沈宗灵主编：《中国社会主义法律基本理论》，法律出版社 1987 年版。

69. 夏书章主编：《行政管理学》，山西人民出版社 1985 年版。

70. 宪法编写组：《宪法学》，高等教育出版社、人民出版社 2011 年版。

71. 肖义舜：《共和国法制建设 50 年》，中共中央党校出版社 2000 年版。

72. 谢振民：《中华民国立法史》，中国政法大学出版社 2000 年版。

73. 许传玺：《中国社会转型时期的法律发展》，法律出版社 2004 年。

74. 薛伦倬主编：《马克思主义法学新探》，重庆出版社 1992 年版。

75. 俞敏声主编：《中国法制化的历史进程》，安徽人民出版社 1997 年版。

76. 袁兆春主编：《中国法制史》，科学出版社 2008 年版。

77. 张波：《马克思主义法律思想中国化路径研究》，人民出版社 2011 年版。

78. 张晋藩：《二十世纪中国法制的回顾与前瞻》，中国政法大学出版社 2001 年版。

79. 张晋藩主编：《中国百年法制大事纵览》，法律出版社 2001 年版。

80. 张猛：《行政执法理论与实务》，厦门大学出版社 2013 年版。

81. 张启华：《读懂毛泽东》，四川人民出版社 2001 年版。

82. 张文显：《法理学》，高等教育出版社、北京大学出版社 2007 年版。

83. 张友渔：《张友渔文选》（下卷），法律出版社 1997 年版。

84. 张友渔主编：《中国法学四十年》，上海人民出版社 1989 年版。

85. 张知本编、林纪东续编：《最新六法全书》，大中国图书公司 1980 年版。

86. 赵汀阳等：《学问中国》，江西教育出版社 1998 年版。

87. 赵震江主编：《中国法制四十年（1949—1989）》，北京大学出版社 1990 年第 1 版。

88. 郑谦、庞松等：《当代中国政治体制发展概要》，中共党史资料出版社 1988 年版。

89. 中国法制出版社：《公安行政执法全书》，中国法制出版社 2013 年版。

90. 中国检察学院编：《毛泽东法制思想论集》，中国检察出版社 1993 年版。

91. 中共中央党校党史教研室编：《中共党史参考资料》（八），人民出版社 1980 年版。

92. 朱景文主编：《法理学》，中国人民大学出版社 2008 年版。

93. 邹川宁：《司法理念是具体的》，人民法院出版社 2012 年版。

94. ［德］茨格威特·克茨：潘汉典等译，《比较法总论》，贵州人民出版社 1992 年版。

95. ［德］康德：《道德形而上学原理》，苗力田译，上海人民出版社 2005 年版。

96. ［德］平纳特：《德国普通行政法》，朱林译，中国政法大学出版社 1999 年版

97. ［俄］波巴瓦伊：《苏维埃行政法总论》，姜明安，武树臣译，法律文献出版社 1982 年版

98. ［俄］瓦西林科夫主编：《苏维埃行政法总论》，姜明安等译，北京大学出版社 1985 年版。

99. ［法］勒内·达维德：《当代主要法律体系》，漆竹生译，上海译文出版社 1984 年版。

100. ［美］E·博登海默：《法理学、法律哲学和法律方法》，邓正来译，中国政法大学出版社 1999 年版。

101. ［美］E·博登海默：《法理学——法学及其方法》，邓正来等译，华夏出版社 1987 年版。

102. ［美］埃里克森：《无须法律的秩序——邻人如何解决纠纷》，苏力译，中国政法大学出版社 2003 年版。

103. ［美］安德鲁·库钦斯主编：《俄罗斯在崛起吗?》，沈建译，新华出版社 2004 年版。

104. ［美］奥利弗·温德尔·霍姆斯：《霍姆斯读木：论文与公共演讲选

集》，刘思达译，上海三联书店 2009 年版。

105. ［美］伯尔曼：《法律与宗教》，梁治平译，三联书店 1991 年版。

106. ［美］罗纳德·I·麦金农：《经济自由化的次序——向市场经济过渡时期的金融控制》，李瑶译，中国金融出版社 2006 年版。

107. ［美］庞德：《普通法的精神》，唐前宏等译，法律出版社 2001 年版。

108. ［美］弗兰克·梯利：《伦理学导论》，何意译，广西师范大学出版社 2002 年版。

109. ［日］川岛武宜：《现代化与法》王志安等译，中国政法大学出版社 1994 年版。

110. ［日］杉原泰雄：《宪法的历史》，吕艇、渠涛译，社会科学文献出版社 2000 年版。

111. ［苏］玛·巴·卡列等：《国家和法的理论》（下册），李嘉恩等译，中国人民大学出版社 1956 年版。

112. ［英］戴维·M·沃克：《牛津法律大辞典》，邓正来等译，光明日报出版社 1988 年版。

113. ［英］卡罗尔·哈洛、理查德·罗林斯：《法律与行政》（上卷），杨伟东译，商务印书馆 2004 年版。

114. ［英］洛克：《政府论》（下篇），叶启芳、瞿菊农译，商务印书馆 1962 年版。

115. ［美］佩特曼：《参与和民主理论》，陈尧译，上海世纪出版社 2006 年版。

（五）研究论文类

第一，期刊和报纸论文

1. "城管综合执法状况研究"课题组：《西安市临潼区城管综合执法状况观察报告》，《法学》2009 年第 6 期。

2. 《城管执法冲突的社会情境——以〈城管来了〉为文本展开》，《法学家》2013 年第 6 期。

3. 《全面推进法制改革 加快法治中国建设——十八届三中全会精神的法学解读》，《法制与社会发展》2014 年第 1 期。

4. 《全面推进依法治国的固本之举——我国建设法治社会述评》，《新华每日电讯》2014 年 10 月 23 日第 1 版。

5. 安东：《法治：制度、机制、文化的统一》，《法制日报》2014 年 10 月

22 日第 11 版。

6. 白明政：《论毛泽东法制思想的形成、发展、基本原则及主要内容》，《贵州民族学院学报（哲学社会科学版）》2006 年第 5 期。

7. 曹坚：《社会主义法制理念的本质及内涵》，《党政论坛》2006 年第 7 期。

8. 陈波：《社会主义法制理论的两座丰碑——列宁与邓小平法制观比较研究》，《华中师范大学学报（哲学社会科学版)》1997 年第 2 期。

9. 陈金钊、宋保振：《法治体系及其意义阐释》，《山东社会科学》2015 年第 1 期。

10. 陈金钊：《从革命法制到社会主义法治——马克思主义法制（治）观在中国的成长》，《法学论坛》2001 年第 4 期。

11. 陈鹏生、王立民：《新中国法制史：21 世纪一个亟待开拓的中法史研究领域》，《法学》2001 年第 2 期。

12. 陈丕显：《全国人民代表大会常务委员会工作报告》，《新华月报》1984 年第 5 期。

13. 陈瑞华：《从"流水作业"走向"以裁判为中心"——对中国刑事司法改革的一种思考》，《法学》2000 年第 3 期。

14. 陈斯喜：《新中国立法 60 年回顾与展望》，《法治论丛》2010 年第 2 期。

15. 陈仲、廖冲绪：《论江泽民同志法治思想的特色》，《毛泽东思想研究》2009 年第 5 期。

16. 储士家：《哲学在马克思法律思想演进过程中的作用》，《法律科学》1993 年第 2 期。

17. 丁锐华：《胡锦涛同志民主法治与德治思想解析》，《毛泽东思想研究》2010 年第 5 期。

18. 丁玉海：《深化行政执法体制改革的路径选择》，《大连干部学刊》2014 年第 12 期。

19. 董节英：《改革开放以来中国共产党法律观点的演进》，《中共党史研究》2010 年第 12 期。

20. 段凡：《胡锦涛法律思想初探》，《武汉理工大学学报（社会科学版)》2009 年第 1 期。

21. 范进学：《废除南京国民政府〈六法全书〉之思考》，《法律科学》2003 年第 4 期。

22. 范进学：《宪法价值共识与宪法实施》，《法学论坛》2013 年第 1 期。

23. 范进学：《宪法实施：到底实施什么》，《学习与探索》2013 年第 1 期。

24. 范愉：《法律则样被信仰》，《法制日报》2002 年 11 月 7 日第 11 版。

25. 方腾高：《大失衡：14 年中国经济法制建设的忧患》，《中外法学》1994 年第 1 期。

26. 公丕祥：《当代中国的自主性司法改革道路——基于中国司法国情的初步分析》，《法律科学（西北政法大学学报）》2010 年第 3 期。

27. 公丕祥：《法律效益的概念分析》，《南京社会科学》1993 年第 2 期。

28. 公丕祥：《马克思法律观览》，《中国法学》1990 年第 3 期。

29. 公丕祥：《中国特色社会主义司法改革道路概览》，《法律科学（西北政法大学学报）》2008 年第 5 期。

30. 顾昂然：《回顾新中国法治建设的历程》，《中国人大》2004 年第 15 期。

31. 顾培东：《效益，当代法律的一个基本价值目标》，《中国法学》1992 年第 3 期。

32. 贵州省中国特色社会主义理论体系研究中心省委党校基地：《中国特色社会主义法治体系子系统分析》，《理论与当代》2015 年第 1 期。

33. 郭英华、李彩虹：《中国传统伦理与公民守法精神》，《云南社会科学》2007 年第 3 期。

34. 韩大元、王德志：《中国公民宪法意识调查报告》，《政法论坛（中国政法大学学报）》2002 年第 6 期。

35. 韩大元：《宪法与社会共识：从宪法统治到宪法治理》，《交大法学》2012 年第 1 期。

36. 何士青：《论政治文明与法治建设》，《政治与法律》2003 年第 3 期。

37. 洪霞：《论法律询问答复的效力》，《重庆理工大学学报（社会科学版）》2010 年第 4 期。

38. 胡宝玲：《中国行政执法的被动性与功利性——行政执法信任危机根源及化解》，《行政法学研究》2014 年第 2 期。

39. 胡锦光：《习近平法治思想内涵解读》，《人民论坛》2014 年第 28 期。

40. 江必新、王红霞：《法治社会建设论纲》，《中国社会科学》2014 年第 1 期。

41. 江必新：《怎样建设中国特色社会主义法治体系——认真学习党的十八届四中全会〈决定〉》，《领导科学论坛》2014 年第 22 期。

42. 江国华、周海源：《〈司法基本法〉与中国司法改革》，《哈尔滨工业大学学报（社会科学版）》2014 年第 1 期。

43. 姜明安：《论法治国家、法治政府、法治社会建设的相互关系》，《法学杂志》2013 年第 6 期。

44. 姜明安：《论行政执法》，《行政法学研究》2003 年第 4 期。

45. 姜伟：《法治与社会主义政治文明建设》，《中共中央党校学报》2003 年第 3 期。

46. 蒋传光：《当代中国宪政理论与实践的探索和发展——1949 年以来宪法的变迁为视角》，《西南师范大学学报（人文社会科学版）》2005 年第 4 期。

47. 蒋立山：《中国法制改革和法治化过程研究》，《中外法学杂志》1997 年第 6 期。

48. 李安增、刘煜：《新中国法治化的进程何以格外坎坷》，《中共党史研究》2002 年第 1 期。

49. 李步云：《中国法治历史进程的回顾与展望》，《法学》2007 年第 9 期。

50. 李德峰、周伟科：《论行政执法的精神追寻——兼论我国行政执法理念的创新》，《行政与法》2008 年第 11 期。

51. 李海滢、王立峰：《执法正义：法治政府的价值理念》，《社会科学研究》2012 年第 5 期。

52. 李亮：《法律体系到法治体系：从"建构理性主义"到"进化理性主义"——以中共十五大到十八届四中全会政治报告为分析基点》，《甘肃政法学院学报》2014 年第 6 期。

53. 李林：《改革开放 30 年与中国立法发展》，《北京联合大学学报（人文社会科学版）》2009 年第 2 期。

54. 李林：《习近平法治观八大要义》，《人民论坛》2014 年第 33 期。

55. 李林：《在法治轨道上推进全面深化改革》，《人民日报》2014 年 10 月 22 日第 7 版。

56. 李龙、刘连泰：《废除〈六法全书〉的回顾与反思》，《河南政法管理干部学报》2003 年第 5 期。

57. 李龙：《"马克思主义法学中国化"与法学的创新》，《武汉大学学报（人文科学版）》2005 年第 4 期。

58. 李龙：《建构法治体系是推进国家治理现代化的基础工程》，《现代法学》2014 年第 3 期。

59. 李龙：《马克思主义经典作家法律观的主要内容》，《长安》2008 年第 7 期。

60. 李三辉：《浅析公民守法的一般原因》，《知识经济》2011 年第 4 期。

61. 李晓安：《法律效益探析》，《中国法学》1994 年第 6 期。

62. 李秀清：《试论苏联经济法理论对中国的影响》，《政治与法律》2002 年第 3 期。

63. 李秀清：《新中国婚姻法的成长与苏联模式的影响》，《法律科学》2002 年第 4 期。

64. 李瑜青、冯梦成：《从革命法制观到治国方略法治观——中国共产党 90 年法治思想发展的探索》，《学术研究》2011 年第 9 期。

65. 李中天：《论改革开放以来中国法制改革的渐进式特征——一个法律经济学的视角》，《思想战略》2015 年第 3 期。

66. 李中天：《中国特色社会主义"法治实施体系"研究动态述评》，《湖北行政学院学报》2015 年第 4 期。

67. 李中天：《近年来马克思主义法律思想中国化研究综述》，《中共石家庄市委党校学报》2015 年第 3 期。

68. 李中天：《党的纪检工作领导体制的发展和完善》，《云南行政学院学报》2015 年第 3 期。

69. 李中天：《坚持科学立法　引领促进改革》，《云南人大》2014 年第 12 期。

70. 廖永安：《社会转型背景下人民陪审员制度改革路径探析》，《中国法学》2012 年第 3 期。

71. 凌斌：《普法、法盲与法治》，《法制与社会发展》2004 年第 10 期。

72. 凌相权：《马克思法律思想和我的经济法制建设》，《武汉大学学报（社会科学版）》1986 年第 1 期。

73. 刘雪屏：《以胡锦涛为总书记的党中央实施依法治国方略的思想论述》，《理论学刊》2007 年第 10 期。

74. 刘亚玲：《毛泽东的法制思想及其当代价值》，《毛泽东思想研究》2007 年第 1 期。

75. 龙江：《对当前行政执法引法群体性事件的调查与思考》，《理论与当代》2012 年第 3 期。

76. 龙军：《中国共产党历史性的自我超越》，《党政干部论坛》2004 年第

1 期。

77. 卢云：《法律模式转移：一场深刻的革命性变革》，《中国法学》1994年第 1 期。

78. 鹿心社：《弘扬法治精神建设法治政府：学习习近平总书记关于法治建设的重要论述的思考》，《求是》2014 年第 17 期。

79. 吕廷君：《中国特色社会主义法治体系的行动要素》，《北京行政学院学报》2013 年第 1 期。

80. 罗荣渠：《传统与现代化问题的理论思索》，《北京大学学报（哲学社会科学版）》1989 年第 3 期。

81. 马怀德：《法治政府特征及其建设途径》，《国家行政学院学报》2008年第 2 期。

82. 马晖慧：《马克思法律思想的人文意蕴及其当代启示》，《湖北社会科学》2012 年第 7 期。

83. 马岭：《违宪审查相关概念分析》，《法学杂志》2006 年第 3 期。

84. 马治国：《马克思主义法学的中国化——马克思主义法学对中国特色社会主义法制建设的指导地位》，《中国特色社会主义研究》2008 年第 5 期。

85. 莫纪宏：《全面提高公民的宪法意识》，《求是》2002 年第 8 期。

86. 莫纪宏：《宪法价值的适用区间与宪法实施的可能性》，《广东社会科学》2013 年第 2 期。

87. 聂秀华、邱飞：《对构建中国特色社会主义"法治体系"的理论思考——学习党的十八大关于法治建设的论述》，《齐鲁学刊》2013 年第 2 期。

88. 乔中国、张惠萍、刘元华：《全面建设小康社会的法治之维——胡锦涛对邓小平、江泽民法制思想的坚持和发展》，《理论探索》2005 年第 5 期。

89. 丘川颖：《宪法实施的范畴及路径选择》，《山西省政法管理干部学院学报》2014 年第 2 期。

90. 全承相：《新中国法制现代化建设的基本历史经验》，《中共党史研究》2005 年第 2 期。

91. 任舒泽：《江泽民法治思想缕析》，《社会主义研究》2004 年第 5 期。

92. 桑本谦：《"钓鱼执法"与"后钓鱼时代"的执法困境》，《中外法学》2011 年第 1 期。

93. 沈志先：《马克思主义法律思想中国化的新成果——江泽民法治思想初探》，《毛泽东邓小平理论研究》2011 年第 7 期。

94. 石泰峰：《告别历史　走向未来——党的十四大以来我国法制建设的理论突破与成果》，《中国青年报》1997 年 9 月 4 日第 8 版。

95. 宋汝棼：《回忆彭真同志抓经济立法二三事》，《中国人大》2004 年第 4 期。

96. 孙国华、龚刚强：《"科学、民主、人权、法治"的中国之路探索与理论精髓——马克思法学原理与中国化六十年》，《法学杂志》2009 年第 10 期。

97. 孙聚高：《法治政府论》，《广东行政学院学报》2001 年第 4 期。

98. 孙笑侠：《法治国家及其政治构造》，《法学研究》1998 年第 1 期。

99. 谭世贵、梁三利：《构建自治型司法管理体制的思考——我国地方化司法管理的问题与出路》，《北方法学》2009 年第 3 期。

100. 汤维建：《人大监督司法之困境及其消解》，《苏州大学学报》2014 年第 1 期。

101. 唐馨敏：《我国法律价值理念模式分析——基于正义、秩序和效率的视域》，《法学研究》2011 年第 4 期。

102. 汪文庆：《法治是中国共产党的必然抉择——访中共中央党史研究室主任曲青山》，《中共党史研究》2014 年第 12 期。

103. 王碧蓉：《健全法制厉行法治》，《群言》1988 年第 5 期。

104. 王彬：《宪法实施的中国问题》，《环球法律评论》2013 年第 5 期。

105. 王春业：《论柔性执法》，《中共中央党校学报》2007 年第 5 期。

106. 王贵贤、王海洋：《马克思的法律思想》，《理论思想》2007 年第 3 期。

107. 王建伟、周越：《公安文明执法建设问题研究》，《行政与法》2004 年第 3 期。

108. 王胜俊：《法律体系形成与人民法院的历史使命》，《人民司法》2011 年第 19 期。

109. 王晓、任文松：《多维视角下的行政执法检察监督制度》，《福建论坛人文社会科学版》2013 年第 1 期。

110. 王英津：《论马克思主义经典作家的法制观》，《毛泽东邓小平理论研究》2008 年第 4 期。

111. 王卓君、张治宇：《"双服务"理念下的行政执法》，《行政法学研究》2004 年第 3 期。

112. 魏治勋：《从法律体系到法治体系：论党的十八大对中国特色社会主义法治体系的基本建构》，《北京行政学院学报》2013 年第 1 期。

113. 文立人：《试论邓小平法制观》，《毛泽东思想研究》1995 年第 3 期。

114. 文正邦：《马克思主义法哲学中国化研究论纲》，《法治研究》2008 年第 9 期。

115. 翁有为：《政府法制化的艰难探索：新中国成立后专员区公署制度的推行及变化》，《中共党史研究》2007 年第 1 期。

116. 吴传毅：《习近平法治思想的基本架构》，《中共福建省委党校学报》2014 年第 8 期。

117. 吴高庆、董琪：《司法权力运行机制：理想、现实与未来》，《中共浙江省委党校学报》2014 年第 5 期。

118. 吴亚辉：《论守法的逻辑——基于法经济学分析范式》，《广东商学院学报》2011 年第 2 期。

119. 吴越：《毛泽东的民主法制观与中国特色的法治秩序》，《江汉论坛》1994 年第 4 期。

120. 武春：《全国人大常委会法工委要废除不合适的答复》，《人大研究》2012 年第 7 期。

121. 肖扬：《法院、法官与司法改革》，《法学家》2003 年第 1 期。

122. 谢鹏程：《论社会主义法治理念》，《中国社会科学》2007 年第 1 期。

123. 辛向阳：《习近平全面深化改革思想的鲜明特征》，《探索》2014 年第 5 期。

124. 徐湘林：《"摸着石头过河"与中国渐进改革的政策选择》，《天津社会科学》2002 年第 3 期。

125. 徐湘林：《中国政治改革政策的目标设定和策略选择》，《吉林大学学报》2004 年第 6 期。

126. 徐昕：《中国司法建设三十年的成就、经验与展望》，《政法学刊》2009 年第 1 期。

127. 徐亚文：《"马克思主义法学中国化"与当代中国的社会主义法治精神》，《武汉大学学报（人文科学版）》2005 年第 7 期。

128. 许章润：《中国的法治主义：背景分析（上）》，《法学》2009 年第 4 期。

129. 闫亮：《论江泽民法治与德治相结合思想的时代意义》，《党史博采》2002 年第 3 期。

130. 杨森：《试论我国法制建设的指导方针》，《复印报刊资料（法律）》

1980 年第 9 期。

131. 杨绍兴：《法治与德治并举》，《马克思主义研究》2001 年第 3 期。

132. 杨士林：《行政执法风险的内涵、表现及原因解析》，《云南师范大学（哲学社会科学版）》2013 年第 5 期。

133. 杨小军：《法治中国视域下的司法体制改革研究》，《法学杂志》2014 年第 3 期。

134. 杨心宇、李凯：《略论苏联法对我国法学的影响》，《复旦学报（社会科学版）》2002 年第 4 期。

135. 叶向真：《叶剑英中央工作会议讲话起草记》，《财经》2008 年第 26 期。

136. 虞崇胜、李炳辉：《从违宪成本看当代中国宪法实施的突破口》，《江苏行政学院学报》2013 年第 2 期。

137. 占茂华：《法理学视角下的守法概念解读》，《湖南社会科学》2013 年第 1 期。

138. 张福军、程恩富：《在落实"四个全面"中完善中国道路与中国模式》，《思想理论教育导刊》2015 年第 4 期。

139. 张红：《中国梦是法治梦　以法治凝聚改革共识》，《人民论坛》2013 年第 27 期。

140. 张华民：《论树立社会主义法治理念的现实意义》，《法制与经济》2008 年第 3 期。

141. 张明乃：《论法学中的公平与效率》，《法学》1992 年第 3 期。

142. 张明新：《对当代中国普法活动的反思》，《法学》2009 年第 10 期。

143. 张文显：《邓小平民主法制思想之精髓》，《法制与社会发展》2004 年第 5 期。

144. 张文显：《改革开放新时期的中国法治建设》，《社会科学战线》2008 年第 9 期。

145. 张文显：《和谐精神的导入与中国法治的转型：从以法而治到良法善治》，《吉林大学社会科学学报》2010 年第 3 期。

146. 赵立銮：《地方司法管理体制改革探析》，《观察与思考》2004 年第 4 期。

147. 赵蓓：《法治与德治辨析兼论江泽民的"以德治国"思想》，《江西社会科学》2002 年第 3 期。

148. 赵震江：《论社会主义市场法制建设》，《北京大学学报（哲社版）》1993 年第 4 期。

149. 赵震江：《论市场经济条件下的效率与平等原则及法律对策》，《中外法学》1994 年第 5 期。

150. 周强：《形成高效的法治实施体系》，《求是》2014 年第 22 期。

151. 周叶中：《论全面依法治国在"四个全面"战略布局中的地位与作用》，《观察与思考》2016 年第 4 期。

152. 周世中：《马克思法的合理性思想的渊源及其现实影响》，《社会科学家》2012 年 12 期。

153. 周世中：《马克思主义法理学的中国化及其进程》，《山东社会科学》2006 年第 10 期。

154. 朱继东：《苏联亡党亡国过程中的几次法治改革陷阱及警示》，《红旗文稿》2015 年第 9 期。

155. 朱力：《中国社会风险解析：群体性事件的社会冲突性质》，《学海》2009 年第 1 期。

156. 朱晓燕、王怀章：《对运动式行政执法的反思——从劣质奶粉事件说起》，《青海社会科学》2005 年第 1 期。

第二，学位和会议论文

1. 蔡恒：《执法效率与有效组织——我国农业行政执法体制构建研究》，南京农业大学博士论文，2004 年。

2. 陈学斌：《中国林业执法改革问题研究》，中共湖北省委党校博士论文，2012 年。

3. 迟日大：《新中国司法制度的历史演变与司法改革》，东北师范大学博士论文，2003 年。

4. 郭芙蓉：《公民守法道德养成研究》，南京师范大学博士论文，2013 年。

5. 何新春：《当代中国工商执法权威构建问题研究》，华中师范大学博士论文，2007 年。

6. 江涛：《民事诉讼效率研究——以程序设置为主要视角》，复旦大学博士论文，2011 年。

7. 李楠：《改革开放以来中国化马克思主义法律思想研究》，西北大学博士论文，2013 年。

8. 李中天：《论保持和增强党的忧患意识》，求是杂志社. 中国延安干部学院第四届党性论坛会议论文。

9. 刘瀚、李林：《努力开创跨世纪法理学研究的新局面》，中国法理学研究会 1998 年依法治国理论与实践学术讨论会交流论文。

10. 刘同君：《守法的伦理学分析》，南京师范大学博士论文，2005 年。

11. 鲁强：《当代中国司法改革过程研究》，中国政法大学博士论文，2008 年。

12. 马晓霞：《毛泽东、邓小平法制思想比较研究》，中国人民大学硕士论文，2006 年。

13. 孟文理、曾见：《20 世纪中国的法制建设和发展》，《中德法学论坛》论文 2003 年。

14. 宋婧：《中共三代领导核心的法治思想比较研究》，南京航空航天大学硕士论文，2008 年。

15. 王军：《税法效率研究——税法供给需求的视角》，山东大学博士论文，2007 年。

16. 魏建新：《宪法实施的行政法路径研究——以权利为视角》，中国政法大学博士论文，2008 年。

17. 夏瑜杰：《当代中国守法问题研究》，南京大学博士论文，2012 年。

18. 闫立光：《新中国初期毛泽东的法制思想研究》，吉林大学硕士论文，2014 年。

19. 虞浔：《1997 年以来中国司法体制和工作机制改革进程中上海的实践与探索》，华东政法大学博士论文，2013 年。

（六）网络资源类

1. 习近平：《在省部级主要领导干部学习贯彻十八届四中全会精神全面推进依法治国专题研讨班上发表重要讲话》，中共中央文献研究室网站 http://www.wxyjs.org.cn/zyldrhd_547/201502/t20150203_168596.htm。

2. 《习近平总书记在中央政法工作会议上的讲话》，新华网，http://news.xinhuanet.com/politics/2014-01/08/c_118887343.htm。

3. 陈丕显：《全国人民代表大会常务委员会报告》（1985 年），中国人大网 http://www.npc.gov.cn/wxzl/gongbao/2000-12/26/content_5001640.htm。

4. 杜青林：《健全宪法实施和监督制度》，人民网，http://cpc.people.com.cn/n/2014/1111/c64094-26004968.html。

5. 《绝不允许"党大还是法大"伪命题干扰政治定力》，新华网，http://

news. xinhuanet. com/politics/2015－02/05/c_ 1114272511. htm。

6. 人民数据库的《中国共产党重要文献信息库》。

二、英文部分

一、研究著作类

1. E. Gellhorn, B. B. Boyer, Administrative Law and Process in a Nutshell, St, Paul: West Publishing Co. , 1981.

2. Francesco Parisi, "Coase theorem", in Steven N. Durlauf and Lawrence E-. Blume Eds. , The New Palgrave Dictionary of Economics, Second Edition, 2008.

3. ZOU Ke-yuan, China Legal Reform: towards the rule of law, Netherlands: rill Academic Publishers, 2006.

二、研究论文类

1. Aslanbeigui, Nahid; Medema, Steven G, "Beyond the Dark Clouds: Pigou and Coase on social Cost", History of Political Economy, Winter 1998, Vol. 30, No. 4.

2. Harnay, Sophie; Marciano, Alain, "Posner and the law: From 'law and E-conomics' to an Economic Analysis of law", Journal of the History of Economic Thought, June2009, Vol. 31, No. 2.

3. HORSLEY J. "China's Long March Toward Rule of Law", The Journal of Asian Studies, 2004, 63.

4. PEERENBOOM R. "Law and development of Constitutional Democracy: is China a problem case", Annals of the American Academy of Political and Social Sci-cence, 2006, 603.

5. PEI Min-xin. "Testimony on Rule of Law in China". Statement to senate For-eign Relations Committee, June 7, 2005.

6. WANG Zhen-min. "The Developing Rule of Law in China", Harvard Asia Quarterly, 2000, 4.

图书在版编目（CIP）数据

新时期以来中国共产党领导的法治建设研究：基于其以立法为主导的特征／李中天著. —昆明：云南人民出版社，2017.9

ISBN 978-7-222-16342-3

Ⅰ．①新… Ⅱ．①李… Ⅲ．①社会主义法制—建设—研究—中国 Ⅳ．①D920.0

中国版本图书馆 CIP 数据核字（2017）第 182733 号

责任编辑：马跃武
装帧设计：欧　倩
责任校对：孙焕强　陈炜玥
责任印制：洪中丽

新时期以来中国共产党领导的法治建设研究
XINSHIQI YILAI ZHONGGUO GONGCHANDANG LINGDAO DE FAZHI JIANSHE YANJIU
——基于其以立法为主导的特征
——JIYU QI LIFA WEI ZHUDAO DE TEZHENG

李中天　著

出版	云南出版集团　云南人民出版社
发行	云南人民出版社
社址	昆明市环城西路 609 号
邮编	650034
网址	www. ynpph. com. cn
E-mail	ynrms@ sina. com
开本	889mm×1194mm　1/32
印张	6.5
字数	180 千
版次	2017 年 9 月第 1 版第 1 次
印刷	云南民大印务有限公司
书号	ISBN978-7-222-16342-3
定价	47.00 元

如有图书质量及相关问题与我社联系
印制科电话：0871-64191534

云南人民出版社公众微信号